JN418877

서양은 어떻게 세계를 정복했나

이재준 지음

2019
백산서당

머리말

1712년 영국 동인도 회사의 벵골 총독은 무굴 제국의 황제 자한다르 샤에게 보낸 서신에서 자신을 "가장 작은 모래알처럼 하찮은" 존재라고 표현했다. 이어지는 글에서 그는 "저희 영국인들은 우주의 지주이시며 세계의 정복자이신 폐하의 가장 순종적인 노예이며 항상 폐하의 명령에 복종할 것입니다."라며 아첨을 늘어놓았다. 이때까지만 해도 강대한 대제국 무굴의 군주에게 영국은 먼 곳에 위치한 별로 중요하지 않은 섬나라에 불과했다. 그러나 이로부터 약 100년이 흐른 후 영국인들은 인도 아대륙의 지배자가 되어 있었다.

이러한 상황 변화는 유럽의 급격한 발전에서 기인한 것이었다. 18세기 후반에 유럽에서는 경제와 정치의 영역에서 각각 혁명적인 도약이 일어났다. 산업혁명과 민주주의 혁명이 그것이다.

이 두 혁명은 어느 날 갑자기 하늘에서 떨어진 것이 아니라 중세 말부터 이어져 온 시장의 꾸준한 성장에서 비롯된 것이었다.

한국인들은 시장경제가 도입된 대한민국과 시장을 배격한 북한에서 나타난 격차를 통해 시장의 힘을 명백하게 체험하였다. 한국은 6·25전쟁의 잿더미에서 수십 년 만에 세계 11위의 경제 대국으로 떠오른 데 반해 북한은 여전히 최빈국의 위치에 머물러 있다. 서양과 동양 사이에 나타난 차이도 남북한의 경우와 같이 시장의 발전 유무에서 비롯된 것이었다. 중세 말 이후 시장경제로의 이행이 진행된 서유럽은 세계를 뒤흔들 만한 발전을 이룩했지만 그렇지 못한 동양은 오랜 잠에서 깨어나지 못했다.

근대 이후 이어진 서양의 우위는 서양인들이 다른 인종들보다 무언가 더 우월하다는 편견을 불러일으켰다. 그러나 농경생활이 시작된 이후 1만 년 이상의 시간이 지났지만 서양이 시장의 성장에 힘입어 동양을 앞서나가기 시작한 것은 600년이 채 되지 않는 비교적 최근에 일어난 일이었다. 그 이전의 대부분의 시간 동안 서양은 동양에 비해 멀찌감치 뒤처져 있었다.

인류가 수렵채집생활을 하던 시절에는 전 세계가 원시적인 상태를 벗어나지 못했다는 점에서 별 차이가 없었다. 농경이 시작된 이후 농경에 유리한 환경을 가진 지역들이 앞선 경제적 기반을 바탕으로 다른 지역들과 차이를 벌려나갔다.

인류 최초의 문명인 수메르와 이집트, 인더스 문명은 모두 생산성이 높은 관개농업이 가능한 큰 강가에서 탄생했다. 고대 중국 문명은 황하 문명이라고 불리기도 하나 사실 위치적으로만 황하 주변 지역에서 발생했을 뿐 황하와 별 관련이 없는 천수농업*에 기반을 두고 있었다. 천수농업은 관개농업보다 생산력이 낮았기 때문에 중국 문명은 앞의 세 문명들보다 천 년 이상 발전이 늦어졌다.

농경에 불리한 환경을 가지고 있었던 유럽은 동양에서 최초의 문명들이 찬란한 빛을 발하고 있을 때 아직 석기시대에 머물러 있었다. 중세시대까지만 해도 서유럽은 동방에 비해 낙후된 지역이었다. 사실 중세시대까지 유럽 문명의 기반이 된 거의 모든 기술들이 동방으로부터 전해진 것이었다.

그렇다고 해서 유럽인들이 이루어낸 업적을 깎아내리고자 하는 것은 아니다. 서유럽에서 시장경제와 민주주의가 탄생하여 세계로 퍼져나가지 않았다면 필자를 포함한 대부분의 한국인들은 여전히 뼈 빠지게 일하고도 벼슬아치들과 양반들에게 죄다 빼앗겨 입에 풀칠하기도 힘든 왕조국가에서 살고 있을 가능성이 아주 높다.

이 책의 목적은 기나긴 인류의 역사에서 아주 일부분에 불과한 현재의 상태만 보고 인종차별적 시각을 가지는 대신 어떻게 불과 수백 년 전까지만 해도 뒤처져 있었던 서유럽이 근대화를 이루고 앞서나갈 수 있었는지를 탐구해보는 것이다.

---

* 자연강수에 의지하는 농업.

서양은 어떻게 세계를 정복했나

4. 과도기적 단계

5. 중앙집권적 무력집단

6. 그리스

7. 로마

8. 중세

9. 영국, 산업혁명

10. 프랑스, 민주주의 혁명

11. 그 후

1

시장과 폭력

시장과 폭력

미개한 유럽인

기원전 2305년 우르 출신의 수메르 상인 아마르-니사바는 기나긴 여정 끝에 프랑스 서북부의 브르타뉴에 도착했다. 그가 지중해를 동에서 서로 가로지르고 대서양을 항해하는 모험을 감행한 이유는 청동의 원료인 주석을 구하기 위해서였다. 청동기시대에 주석은 오늘날의 석유만큼 중요한 위치를 점하는 전략자원이었다. 구리와 주석을 대략 10대 1의 비율로 합금하면 무른 성질의 구리와 달리 경도가 강한 청동이 만들어진다. 청동은 단단한 특성 때문에 특히 무기와 갑옷을 만들기에 적합했다. 이 시대에 주석을 구하지 못하면 군대를 무장시킬 수 없었고, 그러면 이웃 민족들과의 군사경쟁에서 뒤처질 수밖에 없었다. 상대적으로 흔한 구리와 달리 주석은 아주 제한적인 소수의 지역에만 매장돼 있었다. 따라서 주석의 확보는 당시 지배자들의 지대한 관심사들 중 하나였다.

아카드 제국의 창시자인 사르곤은 아나톨리아 남동부에 위치한 주석 광산에 대한 통제권을 확보하기 위해 그 지역까지 군사 원정을 벌이기도 했다. 그러나 당시 이미 근 천 년 동안 서남아시아에 주석을 공급해온 이 광산은 고갈을 향해 다가가고 있었다. 광맥을 찾아 갱도를 수킬로미터까지 파고 들어갔고, 성인이 드나들기 힘든 좁은 갱도에서 채굴하기 위해 아이들까지 작업에 동원했지만 생산량이 예전만 못했다.

사르곤의 청동상. 키쉬의 왕 우르자바바의 시종에서 시작해 인류 최초의 다민족 제국을 건설했다.

멜루하(인더스 문명) 상인들에 의해 오늘날의 아프가니스탄에서 생산된 주석이 수입되었지만 수요를 따라가기에는 부족했다. 때문에 지중해 너머 먼 서쪽 땅 어딘가에 주석이 땅에서 주울 정도로 흔하다는 소문을 들은 사르곤은 귀가 솔깃할 수밖에 없었다. 그는 멜루하까지 여러 번의 항해 경험이 있는 수메르인 아마르-니사바에게 서쪽으로 항해하여 주석을 찾아오라고 명하였다.

브르타뉴에 배를 정박시킨 아마르-니사바는 교역을 위해 실어온 청동제 무기와 금장신구, 모직의류 등을 해안가에 펼쳐놓고 현지인들이 나타나기를 기다렸다. 얼마 지나지 않아 한 무리의 사람들이 경계하는 눈빛을 보이며 조심스레 다가왔다. 앞장서서 걸어오는 지도자인 듯 보이는 남자는 청동검을 허리에 차고 있었고 나머지는 돌창이나 돌도끼를 들고 있었다. 순간 양측 사이에 긴장감이 흘렀지만 아마르-니사바는 태연하게 두 손을 벌려 보이며 적의가 없다는 뜻을 나타냈다. 그리고는 주석 원석을 현지인들에게 보여주며 가져오라는 손짓을 한 후 해변에 진열해 놓은 화물들을 손가락으로 가리켰다. 현지인들은 잠시 서로 이야기를 나누더니 곧 알아챘다는 듯 주석 원석을 가리키며 웃음을 띤 얼굴로 고개를 끄덕였다.

현지인들이 아마르-니사바가 만족할 만한 양의 주석 원석을 모으는 데는 몇 주일이 걸렸다. 그동안 그는 인근의 마을에서 머물며 이곳 사람들의 생활을 관찰하였다. 비록 그가 어린 시절 아카드인에게 패배하여 지금은 피정복민의 신세가 되었지만, 수메르인들은 문명의 창조자로서 대단한 자부심과 선민의식을 가지고 있었다. 이것은 그의 관점에 편견을 심어주었다. 사실 그는 이곳 주민들과 처음 마주쳤을 때부터 이미 이들을 야만인으로 분류해놓고 있었다.

이들은 금속을 다루는 기술을 몰랐다. 몇몇 구리나 드물게는 청동으로 된 물건들이 눈에 띄었으나 멀리 다른 지역에서 교역을 통해 들어온 것들이었다. '얼마나 우둔하면 발 밑에 이 귀한 금속이 널려 있는데 그것을 사용할 줄도 모른단 말인가?' 그는 속으로 조소를 날렸다.

이 지역에는 인근의 마을 몇 개가 부족을 이루고 있을 뿐 국가나 행정조직은 존재하지 않았다. 그는 이곳의 왕을 만나면 교역에 도움이 될 것이라는 생각에 찾아보았지만 곧 포기했다. 국가가 없으니 왕이 있을 리가 없었다. 첫 조우 때 청동검을 차고 있던 남자가 지도자로 보였지만 아무도 그에게 굽실거리거나 머리를 조아리지 않는 것으로 보아 다른 사람들과 동등한 위치에 있는 것으로 추측되었다. 이들에게는 문자도 없었다. 아마르-나사바는 이들의 단순한 사회에서는 문자가 있어도 기록할 것이 별로 없을 것이라고 생각했다.

그에게 있어 이들이 낙후된 원인은 명백했다. 그는 이 희멀건한 인종은 선천적으로 아둔해서 복잡한 문명을 창조할 능력이 없다고 결론 내렸다.

위의 이야기 중 아마르-나사바의 모험 부분은 필자가 지어낸 것이다. 사르곤이 서쪽 어딘가의 주석의 땅을 정복했다는 기록이 있기는 하지만 수메르 상인들이 실제로 북서유럽까지 이르렀을 것 같지는 않다. 또한 브르타뉴지역에서의 주석 생산은 이보다 수백 년이 흐른 뒤에 시작되었고 지중해에서 북서유럽까지 항해한 최초의 역사적 기록은 이로부터 약 2000년 후에 카르타고 사람 히밀코에 의해 남겨졌다.

하지만 만약 당시 수메르 상인들이 정말 서유럽까지 진출했다

기원전 2900년경 수메르의 도시 우르크(위)와 비슷한 시대 북부 프랑스의 촌락(아래). 당시 두 지역 사이의 엄청난 간극을 보여준다.

면 유럽인들에 대해 아마르-니사바와 비슷한 편견을 가지게 되었을 것이다. 사실 인종적 편견은 가장 간단하고 편리하게 우리가 잘 알지 못하는 타민족에 대한 설명을 제공해준다. 복잡하게 그들이 가진 환경적, 역사적, 사회적, 문화적 배경을 따질 필요 없이 '저 족속들은 원래부터 열등해서 그런 거야' 라는 단순한 추측 하나면 충분하니 말이다.

게다가 당시 두 지역 사이에는 엄청난 격차가 존재했다. 수메르인들은 기원전 제3천년기* 중반쯤 되면 이미 인구 수만 명이 거주하는 도시와 행정체계, 문자와 문학, 신전, 금속기술 등 이후 수천 년 동안 뒤이어 나타날 여러 농경문명의 표준이 될 것들을 대부분 발명해 놓았다. 그에 반해 서유럽의 농민들은 아직 신석기 시대에 머물러 있었다.

시장의 힘

이로부터 약 4천년 정도 후에는 상황이 정 반대로 바뀌어 있었다. 19세기 후반에 이르면 산업혁명을 겪은 유럽인들은 화석연료로 움직이는 기계화된 문명을 탄생시켰다. 연기를 뿜어내며 돌아가는 거대한 공장들이 온갖 물건의 홍수를 쏟아내면서 전례 없는 생산력의 도약이 이루어졌다.

반면 메소포타미아**는 여전히 인력과 축력에 전적으로 의존하는 농경사회에 머물러 있었다. 사실 후자의 모습은 4천년 전과 비교해서 크게 달라진 게 없었다. 굳이 달라진 점을 꼽자면 기도하기 위해 지구라트 대신 모스크에 가게 되었다는 사실 정도였다. 이 낙후된 지역을 둘러본 유럽인들은 아미르-니사바와 유사하면서도 정반대의 결론에 다다랐다. 이 유색인종들은 자신들 백

---

* 기원전 3000년-2001년.

** 고대의 티그리스강과 유프라테스강 인근 지역을 이르는 말. 수메르 문명의 발상지이다.

인에 비해 선천적으로 아둔해서 진보된 문명을 창조할 능력이 없는 것이 분명해 보였다. 누군가 그러지 않았던가, 세상은 돌고 돈다고.

왜 메소포타미아는 수천 년 동안 정체상태를 벗어나지 못했던 반면 유럽은 중세 이후 비약적인 발전을 이룰 수 있었을까? 이에 대한 답은 우리와 아주 가까운 곳에서 찾을 수 있다. 1970년대 초까지만 해도 북한의 국민소득은 남한보다 높았다. 그러나 50년이 채 안 된 지금 남한의 국민소득은 북한의 22배에 이른다. 남한의 생활수준은 서양의 선진국들을 거의 따라잡을 정도로 발전했지만 북한에서는 평양만 벗어나면 아직도 소달구지가 주요 운송수단으로 쓰이고 있다. 이러한 격차를 만든 것은 잘 알고 있다시피 시장의 힘이었다.

공산주의 하에서는 아무리 열심히 일해도 남과 똑같은 양만 배급받을 수 있다. 이러한 상황에서는 개인이 생산력을 높이기 위해 노력해봤자 자기에게 돌아오는 것이 없기 때문에 그에 대한 동기가 부여되기 힘들다. 독자들한테 물어보겠다. 자신이 북한 사람인데 옥수수를 2자루 생산하든 8자루 생산하든 똑같이 5자루를 배급받을 수 있다면 당과 친애하는 김정은 동지를 위해 새벽별 보면서 죽도록 일해 8자루를 채울 것인가? 아니면 대충 쉬엄쉬엄 일해서 2자루만 수확하고 말 것인가? 현재 북한의 모습을 보면 대부분은 후자를 택할 것이라고 예상할 수 있다.

반면 시장경제체제인 남한에서는 옥수수를 8자루 생산하면 그것을 시장에 팔아 그만큼의 보상을 받을 수 있다. 때문에 남한

이러한 선전구호보다는 노동자들에게 돌아가는 사적 이익이 노동의욕을 고취시키는 데 훨씬 효과적이다.

의 농민들은 더 높은 작황을 거두기 위해 온갖 수고를 마다하지 않는다. 이것이 시장경제의 힘이다. 시장경제에서는 개인이 질 좋은 재화와 서비스를 많이 생산할수록 그것을 시장에 판매해 더 많은 이익을 얻을 수 있다. 시장의 참여자들은 이익동기에 이끌려 생산력을 최대한 높이기 위해 노력하고 그 과정에서 사회 전체의 생산성을 끌어올린다.

물론 한국의 경제구조는 많은 결점을 가지고 있다. 부가 부를 낳는 빈부의 고착화와, 불공정한 경쟁과 보상이 시장의 효율성을 깎아먹고 있다. 그러나 어쨌든 시장은 사람들이 옥수수 2자루보다는 8자루를 생산하도록 유도한다. 그것이 우리가 북한 주민들보다 물질적으로 훨씬 풍요로운 삶을 사는 이유이다.

메소포타미아와 유럽의 차이를 만들어 낸 것도 시장이었다. 중세 이후 유럽은 시장의 성장에 의해 거대한 도약을 이루어냈다. 반면 시장이 미발달한 메소포타미아는 오랜 정체상태에서 벗어나지 못했다. 비단 메소포타미아뿐만 아니라 유럽을 제외한 모든 지역이 19세기에 이르기까지 전근대적 농경사회에서 수천 년 동안 벗어나지 못하고 있었다.

왜 세계의 다른 지역이 아니라 유독 서유럽에서만 시장경제로의 전환이 일어날 수 있었을까? 이에 대한 답을 얻기 위해서는 과거 인간사회가 어떻게 작동했는지를 이해해야 한다.

잉여식량, 문명의 원동력

해부학적으로 우리와 동일한 현생인류는 약 32만 년 전에* 나타났다. 그런데 그 후 우리의 조상들은 30만 년이 넘는 시간 동안 구석기 시대에 머물러 있었다. 하루가 다르게 신기술이 쏟아져 나오는 현대의 기준으로 보면 거의 무한에 가까운 이 시간 동안 현생인류가 이루어낸 진보는 고작해야 어떻게 하면 돌을 더 정교하게 다듬을 수 있는지 정도였다.

---

* 얼마 전까지만 해도 약 20만 년 전이라는 것이 정설이었지만 새로운 고고학적 발견에 의해 수정되었다. 이 수치 또한 미래에 더 이른 시점으로 바뀔 가능성이 있다.

우리의 조상들이 그토록 오랜 시간 동안 석기시대를 벗어나지 못했던 까닭은 그들이 우리보다 지능이 낮았기 때문이 아니었다. 그들은 우리와 같은 두뇌용적을 가지고 있었다. 그 원인은 북한의 주민들과 마찬가지로 생산력 향상에 대한 동기부여가 안됐기 때문이었다.

수렵채집생활을 하던 시절에는 부의 축적이 불가능했다. 식량을 찾아 지속적으로 이동하며 살았던 수렵채집민들은 자신들이 들고 다닐 수 있는 만큼만 소유할 수 있었다. 재산을 모아 봤자 소지하고 이동할 수 있는 것 이상의 물건은 결국 버리고 가야 할 짐이 될 뿐이었다. 또한 수렵채집민의 먹거리 중에 장기간 보관이 가능한 곡물이나 견과류의 비중은 아주 일부에 불과했다. 고기나 과일 등은 며칠만 지나면 부패되기 때문에 자신이 먹을 수 있는 양을 초과하는 식량을 구해 와 쌓아 놓아 봤자 얼마 지나지 않아 썩어 없어지게 될 것이었다.

이처럼 부를 축적할 수 없는 상황에서는 고생해서 기술을 발전시켜 생산력을 높여봤자 그 산물을 소유할 수 없으니 헛수고가 될 뿐이었다. 그러니 원시인의 입장에서는 차라리 그 시간에 낮잠이나 자는 것이 더 매력적인 선택이었을 것이다. 수렵채집민들은 기술발전에 공을 들일 만한 동기가 아주 약했고 그들의 능력을 기술발전에 거의 사용하지 않았다. 이것이 인류가 수렵채집생활을 하던 시절 기술적 진보가 극히 느리게 일어났던 이유였다.

농경생활이 시작되고 정착생활 양식이 퍼지면서 상황이 바뀌었다. 한 곳에 눌러앉아 살게 되면서 더 이상 이동하기 위해 애써

이동하는 산족 수렵채집민들. 수렵채집민들의 재산은 그들이 들고 이동할 수 있는 것들로 한정되었다.

모은 물건들을 버릴 필요가 없어졌다. 또한 농경지에서 생산된 곡물은 관리만 잘하면 몇 년이고 보관할 수 있었다. 부의 축적이 가능해진 것이다. 이제 사람들은 더 많은 부를 생산하면 그에 대한 보상을 얻을 수 있게 되었다. 부에 대한 욕구는 인간에게 기술을 발전시키고 생산력을 증대시킬 강력한 동기를 제공했다.

농경생활이 가져온 또 다른 중요한 변화는 농업의 높은 생산성에 의해 잉여의 식량이 생산되었다는 점이다. 먹을 것을 구하는 것은 모든 생명체에게 주어진 가장 근본적인 문제이다. 우선 먹는 문제가 해결된 다음에야 다른 것에 신경을 쓸 여유가 생긴다. 수렵채집생활을 하던 시절에는 아주 예외적인 경우를 제외하고는 모든 사회구성원들이 식량을 구하는 활동에 매달려야 했다.

따라서 직업의 다양성은 존재하지 않았다. 해가 밝으면 누구나 먹을 것을 구하러 들판을 헤매고 다녀야 했다.

농경생활을 시작한 이후 식량생산자들은 자신이 필요로 하는 것보다 더 많은 양의 식량을 생산하게 되었다. 농민에 의해 생산된 잉여식량 덕분에 일부의 사람들이 그것을 소비하며 식량생산에서 벗어나 공업과 상업, 학문, 건축, 예술, 종교, 행정 등의 활동에 종사할 수 있게 됐고, 이들에 의해 거대한 도시와 성벽, 신전과 벽화, 문자와 법전, 신화와 과학이 창조되었다.

문명의 형성과정에서 잉여식량의 역할은 그야말로 절대적이었다. 사실상 잉여식량은 문명의 형성에 필요한 모든 것이었다. 인류 최초의 문명인 수메르 문명은 관개농업에 의해 생산된 풍부한 잉여식량 외에는 갈대와 진흙이 구할 수 있는 자원의 전부인 곳에서 발원했다. 일단 잉여식량이 제공되면 나머지는 그것에 의해 식량생산에서 벗어난 사람들이 행한 노동에 의해 해결될 수 있었다. 식량 외의 자원은 잉여식량에 의해 부양되는 상인들이 행하는 무역을 통해 얻을 수 있었다. 잉여식량에 의해 부양된 사람들은 집을 짓고 성벽과 신전을 세웠다. 그들은 도기와 무기를 만들었다. 그들은 시를 짓고 그림을 그렸다. 그들은 문자와 수학, 천문학을 고안해 냈다. 그들은 사람들에게 정신적 위안을 주고 공동체를 결속시켜 주는 신을 섬겼다. 그들은 외적으로부터 국가를 방어했다. 그들은 공공의 업무를 처리하고 법을 집행했다.

오늘날의 산업국가에서는 농업이 전체 경제에서 차지하는 비중이 10% 미만으로 감소하여 그 중요성이 간과되는 경향이 있

나무가 부족한 이라크에서는 갈대로 집을 만들었다.

다. 그러나 만약 농민들이 잉여식량의 공급을 멈춘다면 우리는 모두 산이나 들로 먹을 것을 찾아 헤매고 다녀야 할 것이고 인류 문명은 완전히 붕괴될 것이다.

시장 역시 잉여식량에 의해 가능해진 것들 중 하나였다. 농민들은 자신들이 소비하고 남는 여분의 식량을 판매하여 그들에게 필요한 상품을 구매했고, 장인들과 상인들은 농민들에게 상품을 판매하고 대신 그들이 소비할 식량을 얻었다. 이 과정에서 시장이 형성되었다.

농업생산력이 발전하여 더 많은 잉여식량이 생산될수록 그것이 시장에 공급되어 시장이 성장했다. 여기서 단순한 계산이 가능한 듯 보인다. 농업생산력이 높은 지역일수록 시장이 더 발달했을 것이고 시장의 힘에 의해 문명의 발전 속도가 가속화됐을 것이다.

수메르 지역에서는 실제로 이 공식대로 역사가 흘러가는 듯 보였다. 메소포타미아를 흐르는 티그리스강과 유프라테스강은 풍부한 농업용수를 제공해 주었을 뿐 아니라 매년 범람할 때마다 상류지역으로부터 비옥한 퇴적물을 실어와 농경에 의해 소실된 지력을 회복시켜 주었다. 여기에 사막성 기후의 강렬한 태양이 더해져 이 지역의 농업생산력은 이미 기원전 제3천년기에 세계의 많은 지역들이 20세기 초까지도 달성하지 못했던 높은 수준에 도달했다.

수메르의 도시들은 막대한 농업잉여를 흡수하며 성장했다. 기원전 2800년경의 우루크에는 약 8만 명 인구가 성벽으로 둘러싸인 도시 안에 거주하고 있었다. 영국 런던의 인구가 이 수준을 넘어선 것은 4000년도 더 지난 1300년경에 이르러서였다.

각 도시들에는 전문적인 대규모 작업장과 산업 밀집지역이 형성되어 있었다. 가장 규모가 큰 산업이었던 직물과 토기는 공장에서 대량생산되었다. 수사에서 발견된 한 인장에는 가마로 보이는 구조물이 여러 개가 모여 있는 장면이 묘사되어 있는데, 이것은 토기를 대량으로 생산하는 작업장을 묘사한 것으로 추정된다.[1] 우루크에서 발견된 토기 파편으로 뒤덮인 넓은 지역은 이곳에 토기를 전문적으로 생산하는 구역이 있었음을 말해준다. 또한 귀중한 돌과 조개껍질을 전문적으로 가공하던 지역들도 발견되었다. 아부 살라비크처럼 작은 도시에도 토기를 전문적으로 생산하던 구역이 있었다.[2]

발달된 시장의 혜택을 받은 수메르의 장인들은 상당히 유복한 삶을 누렸다. 기르수에서 작성된 토지기록에 따르면 장인들과 다른 전문직 종사자들은 전체 토지의 약 26% 정도를 소유하고 있었다. 이는 36% 정도를 보유했던 행정관료들과 관리직 종사자들과 비교했을 때에도 그리 크게 적지 않은 수치였다.[3] 근대 이전의 사회에서 기술자들이 이렇게 높은 대우를 받았던 경우는 흔치 않았다.

수메르 문명은 그들의 앞선 기술로 만들어낸 가공품을 수출하고 주변 지역들로부터 목재나 금속, 보석 등 원재료를 수입하는 오늘날의 산업 선진국과 같은 역할을 했다. 수메르인의 교역망은 앞에 아마르-니사바의 이야기에도 소개됐듯이 멀게는 오늘날의 인도까지 뻗어 있었다. 수메르의 상인들은 서쪽으로는 지중해연안, 북으로는 오늘날 터키의 자그로스 산맥, 동으로는 오늘날의 이란 중부지방에 이르는 광범위한 지역에 상업기지들을 건설했고, 각 상업기지들에는 주재원들이 파견되어 무역을 관장했다. 수메르 문자의 발명이 본국과 이 상업기지들 간의 원활한 의사소통을 위해서라는 의견이 있을 정도이다.

시장의 성장은 기술적 발전의 만발로 이어졌다. 고대 수메르인들이 보여준 창의력은 놀라울 정도였다. 아직 세계의 인류 대부분이 어떻게 하면 돌칼을 더 날카롭게 깎을 수 있을까 정도를 고민하고 있을 때, 이들은 이후 유라시아와 아프리카에서 일어난 농경문명들의 기술적 기반이 되는 것들을 발명해냈다. 합금, 주조, 가열로, 문자, 바퀴, 범선, 축력, 가마, 녹로, 유리, 법전, 문학,

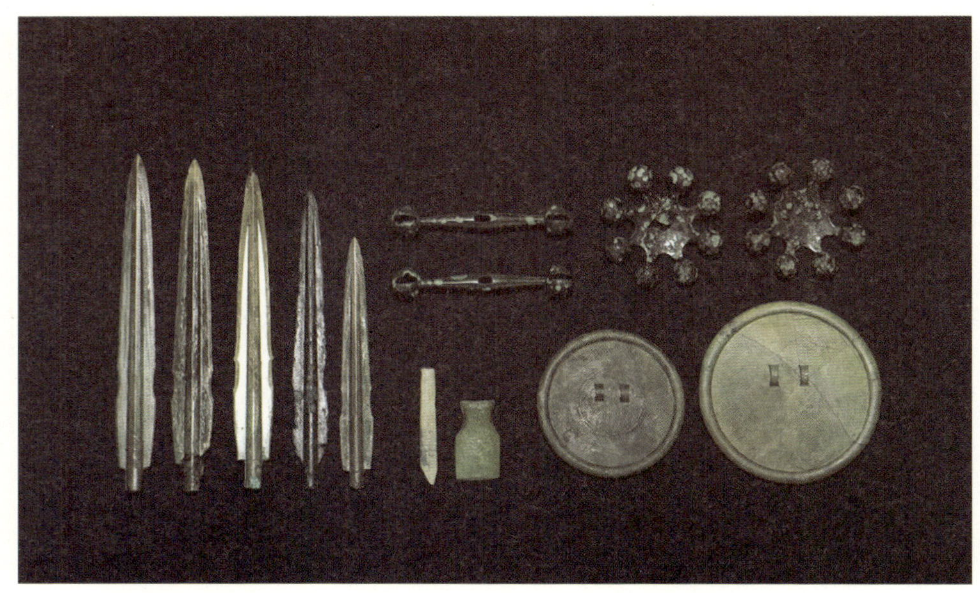

한반도의 청동기 유물. 우리의 조상들이 사용하던 청동제조술도 저 멀리 수메르 문명으로부터 전해진 것이었다.

천문학, 수학, 지도 등이 수메르인들에 의해 발명되었다. 특히 금속기술과 문자의 발명은 후대의 문명들에 가장 큰 영향을 끼쳤고 수메르인의 창의성을 잘 보여준다.

수메르인들은 가열로를 고안하고 숯을 연료로 사용함으로써 금속을 자유자재로 가공할 수 있는 높은 열을 얻을 수 있었다. 이들은 광석제련, 주조, 합금, 땜질 등 이후 세계에서 사용될 대부분의 금속 가공기술을 고안해 냈다. 이러한 기술들의 발명은 수메르의 장인들이 생계를 위해 기존 제품의 생산에만 매달리지 않고 새로운 것들을 시도했기 때문에 가능했다. 구리와 주석을 적정한 비율로 합금하여 그때까지 인류가 알지 못했던 단단한 합금인 청동을 만들기까지 수메르의 장인들은 수천 번의 실험과 실패를 거듭했을 것이다. 이들은 비록 그것을 일반화시키지는 못했지만 철기제조술에 대한 실험 역시 시작했었다.[4] 이들의 발명에 의해 인류는 비로소 석기시대에서 벗어나 금속시대에 들어설 수 있었다.

수메르인들은 최초로 문자를 발명했을 뿐만 아니라 그것을 최초로 표음문자로 개량했다. 초기의 문자는 사물의 모양을 본떠 만든 그림에 가까웠다. 이것으로는 특정 사물을 지명하여 그것의 개수나 출납을 기록하는 단순한 표현밖에 할 수 없었다. 수메르인들은 그림을 몇 개의 쐐기의 조합으로 단순화시켜 기록을 용이하게 했고, 뜻을 나타내던 문자에 음을 부여해 인간의 목소리로 표현되는 모든 것들을 문자기록에 담을 수 있게 했다.

수메르인들은 그들의 문자를 계속 개량해 기원전 제3천년기 중반에 이르면 일상적인 사건에서부터 복잡하고 철학적인 사상이 담긴 서사시까지 어렵지 않게 표현할 수 있는 효율적인 표음문자 체계를 만들어 냈다. 표음문자이기 때문에 다른 민족들의 언어도 표현할 수 있었던 수메르인의 쐐기문자는 약 3,000년 동안 서남아시아 지역에서 여러 민족들에 의해 사용되었다.

그런데 수메르인의 창의성은 기원전 제3천년기 중반 이후 갑작스럽게 정체기에 빠져들었다. 이 지역의 농업생산력의 변화에서 이러한 정체상태의 극명한 예를 찾을 수 있다. 기원전 제3천년기 후반 우르 제3왕조 시대에 작성된 문서에 따르면 이 지역의 농민들은 1헥타르의 토지에서 1,000kg의 보리를 수확했다. 그런데 4천년도 더 지난 1960년대에 이라크에서 관개농업 하의 평균적인 보리 수확량은 헥타르 당 1,000kg으로 전혀 발전이 없었다.[5] 이 지역의 농민들은 반만 년 전과 별로 달라진 게 없는 기술로 농사를 짓고 있었던 것이다.

한때 그토록 독보적이었던 수메르인의 창의성이 사라져버리고 오랜 정체상태가 찾아온 원인은 폭력의 득세에 있었다.

무력집단

문명의 폭력성이 우리를 타락시키기 전까지 인류는 서로 평화롭게 공존하며 살았을 것이라는 이상주의적 환상과 달리 전쟁은 태고적부터 인간의 삶의 일부분이었다. 국가권력에 의해 폭력이 제어되지 않았던 원시사회에는 오히려 현대사회와 비교할 수 없을 정도로 폭력이 만연해 있었다. 인류학자 로렌스 킬리의 연구에 의하면 문명사회 이전에는 매년 전체 인구의 0.5% 정도가 폭력적인 분쟁에서 희생되었다.[6] 우리나라에 이 수치를 적용하면 매년 25만 명이, 그리고 21세기 들어서는 거의 500만 명이 전쟁에서 목숨을 잃은 것과 같다.

침팬지도 전쟁을 한다. 인간과 가장 가깝다는 이 유인원은 주변 무리를 습격하여 수컷이나 어린 것을 죽이고 암컷은 납치한다. 전쟁은 폭력성의 발현이라기보다 어떠한 목적을 이루기 위한 수단이다. 침팬지가 동족을 살육하는 이유는 크게 두 가지다. 첫 번째는 식량을 확보하기 위함이고, 두 번째는 암컷을 차지하기 위해서이다.

침팬지보다 고차원적인 정신을 소유한 인간에게 있어 분쟁의 원인은 좀 더 다각적이었다. 복수는 원시사회에서 폭력을 불러일으키는 가장 흔한 재료 중 하나였다. 동족집단에 대한 물리적 공격이나 모욕에 의해 형성된 앙심과 원한관계는 때로는 몇 세대 넘게 이어지며 피의 보복이 또 다른 피의 보복을 낳는 자기파멸적인 악순환을 불러왔다. 주술적인 요소도 원시사회의 사람들이 서로를 공격하게 만드는 흔한 이유였다. 예를 들어 무리 중 누군가가 갑자기 병들거나 죽게 되면 사이가 안 좋은 이웃의 부족이 저주를 걸어서 그렇게 됐다는 의심이 일어났고, 이에 대한 응징을 위해 용의자들을 살해할 습격대가 보내졌다.

그러나 수렵채집민 시절에 인간들이 서로에게 폭력을 사용하게 만든 근본적인 원인은 침팬지와 크게 다르지 않았다. 인간도 결국에는 동물의 일종으로서 생존과 번식을 궁극적인 목적으로 삼는 진화의 법칙의 지배를 받았다. 이 두 목적을 이루기 위해 인간 남성에게는 식량과 여성이 필요했다. 이웃한 수렵채집민 집단들은 한정된 식량자원과 여성을 두고 서로 경쟁하는 관계에 있었다. 이러한 경쟁관계는 쉽게 적대관계로 전환되었다. 복수나 주술적 원인에 의한 분쟁은 식량과 여성을 둘러싼 적대적인 경쟁에서 파생된 결과물이었다.[7]

애초에 양측 사이에 복수의 빌미가 되는 원한관계가 형성된 것은 양측이 서로 적대적인 관계에 있었기 때문이었다. 양측이 우호적 관계에 있었다면 분쟁이 발생했더라도 평화적인 중재로 해결되었을 것이다. 주술적 저주에 대한 혐의가 이웃 집단에게 덮어씌워진 것도 이미 적대적 관계에 있는 상대방이 주술적 수단을 통해 해를 가하려 한다는 의심 때문이었다.

농경생활이 시작된 이후 폭력을 사용할 새로운 목적이 추가되었다. 바로 잉여식량이었다. 농민이 생산한 잉여식량을 무력을 통해 빼앗으면 힘들게 일하지 않고도 많은 부를 손에 넣을 수 있었다. 칼을 들이대서 남이 애써 만들어 놓은 것을 뺏어올 수 있으면 땡볕 아래서 하루 종일 허리를 구부리고 땅을 일구거나 연장들과 씨름할 필요가 없었다.

근대 이전의 농경사회에서는 일부 도시국가들을 제외한 거의 모든 국가들이 군사력을 독점한 소수에 의해 지배되었다. 나는 이들을 무력집단이라고 이름 붙였는데, 이는 말 그대로 무력을 행사하는 집단이라는 뜻이다. 이들은 쉽게 말해 오늘날의 조직폭력배와 비슷했다고 할 수 있다. 농경사회에서 국가는 이들의 구역이었고 세금은 보호비였다고 생각하면 크게 다르지 않다. 차이가 있다면 이들은 범죄자가 아니라 통치자로 대우 받았다는 점이다.

이는 단순히 농담으로 한 말이 아니다. 농경사회의 지배계급은 조직폭력배와 같이 그 근본적인 성격이 폭력적이고 기생적이었다. 농민들이 그들의 고된 노동의 산물을 대부분 세금과 지대로 바친 것은 무력집단을 거역했을 때 돌아올 폭력적인 보복이 두려웠기 때문이었다.

우리에게 잘 알려진 중세 유럽을 생각해보자. 영주(두목)는 기사들(조직원)을 거느리고 농노들을 폭력으로 다루었다. 이들의 본거지인 성의 지하에는 반항적인 농민들을 가두고 고문하는 지하감옥이 자리잡고 있었다. 본래 기사도라는 것도 기사들의 약탈과 잔학행위가 워낙 만연해서 이들을 통제하기 위한 수단으로 만들어진 면이 있었다.

누군가가 조선시대에는 무인이 아니라 학자인 사대부들이 문을 통해 지배했다고 반론을 제기할 수 있다. 그러나 농민들이 춘궁기에 그나마 입에 풀칠이라도 하게 해주던 양곡마저 바칠 수밖에 없었던 것은 군졸들에게 잡혀가 받게 될 매질이 두려웠기 때문이지 양반들이 운운하는 공자 말씀에 감화돼서가 아니었다. 양반들은 직접 매를 들지는 않았지만 폭력을 행사하는 국가기구를 통제함으로써 농민들을 지배했다. 무력집단은 그것의 발전과정에서 직접적으로 무기를 들고 싸우는 전사에서 거대한 군사조직을 관리하는 행정관료이자 문인으로 변화해 갔는데, 이에 대해서는 뒤에서 보다 자세히 다룰 것이다.

무력집단은 생산활동에 참여하지 않고 생산자인 농민과 장인, 상인이 생산한 부에 기생해서 살아갔다. 특히 인구의 대부분을 차지하는 농민들을 착취하는 것이 이들의 주된 수입원이었다. 손에 흙을 묻히거나 장사를 하는 것은 무지렁이들이나 하는 천한 일로 여겨졌다. 대신 이들은 전리품을 얻기 위해 이웃한 지역을 공격하거나 당파싸움을 벌이는 등 전혀 비생산적인 활동에 몰두했다.

이렇게 비생산적인 존재들에게 지배당하는 사회가 발전적인 방향으로 나아가기는 힘들었다. 게다가 이들은 시장으로 흘러들어갈 잉여식량을 가로챔으로써 문명의 발전에 더욱더 해로운 영

조선시대에 세금을 제대로 내지 못하면 가혹한 형벌을 받았다. 매질을 견디지 못해 목숨을 잃기도 했다. 조선의 지배계급은 하층민들을 부려서 폭력을 행사했다.

향을 끼쳤다.

시장과 무력집단은 농민이 생산한 한정된 잉여식량을 두고 서로 경쟁하는 관계에 있었다. 무력집단이 잉여식량을 많이 차지할수록 그만큼 시장으로 돌아간 양은 줄어들 수밖에 없었다. 농민들은 잉여식량을 그들이 원하는 상품들을 구매하기 위해 시장에 내놓거나, 폭력적 보복을 피하기 위해 무력집단에게 바치거나, 둘 중 하나를 선택해야 했다. 죽음과 상해에 대한 공포는 상품을 구매하고자 하는 욕구를 훨씬 능가했기 때문에 이는 시장에게 절대적으로 불리한 경쟁이었다. 그래서 무력집단이 지배하는 사회에서 시장은 농민들이 영양실조 직전까지 착취당한 후 남은 찌꺼기만을 얻을 수 있었던 게 보통이었다.

무력집단은 농업생산력이 발전할수록 증가하는 농업잉여를 흡수하며 성장해 더욱 강력한 형태를 갖추었다. 많은 문명들이 한때 시장의 성장에 의해 역동적인 발전의 시기를 보냈지만, 결국 비대하게 성장한 무력집단에 짓눌려 정체상태에 빠져들었다. 앞서 설명했듯이 수메르 지역은 한때 시장이 번성했고 인류의 기술 혁신을 이끌었다. 그러나 무력집단이 지배력을 확고히 한 기원전 제3천년기 중반 이후 기나긴 무기력 상태에 빠져들었다.

서유럽은 중세 초기까지만 해도 별로 가망이 보이지 않는 땅처럼 보였다. 헐벗은 농민들은 철로 된 것은 찾아보기 힘들고 대부분이 목제인 농기구로 변변찮은 소출이라도 올리기 위해 땅과 씨름했고, 난폭한 전사 귀족들은 전쟁을 벌이느라 바빴다. 이 시기까지 서유럽은 혁신과는 거리가 먼 낙후된 변방지역에 불과했

농민들을 학살하고 있는 기사들. 중세 유럽의 귀족들은 직접적으로 폭력을 행사했다.

다. 금속기술과 문자 등 그때까지 서양문명의 기반이 된 지식들은 거의 전부가 동방으로부터 전해진 것들이었다. 농경 역시 동방으로부터 전파된 기술이었다. 만약 서남아시아로부터 농경생활이 유입되지 않았더라면 유럽인들은 아직까지 들소의 뒤를 쫓거나 산딸기를 따먹으며 살고 있을 확률이 아주 높다.

중세 후기에 들어서 농업생산력이 발전하면서 변화의 조짐이 보이기 시작했다. 도시가 발달하고 부르주아라는 새로운 계층이 등장했다. 이들은 전통적인 전사 귀족 지배계급과 달리 경제적 활동을 통해 시장에서 부를 얻은 자들이었다. 부르주아의 득세는 곧 시장의 성장을 의미했다.

농업생산력의 증가에 의한 시장의 성장은 수메르 문명을 비롯한 다른 문명들에서도 일어났다. 문제는 서유럽 이외의 지역에서는 무력집단이 시장을 억눌러서 이것이 일시적인 부흥으로 끝났다는 것이었다. 그러나 서유럽에서 시장의 성장은 일시적인 것이 아니었다. 이곳에서는 시장이 결국 무력집단의 지배를 끝장내고 사회의 주도적인 동력으로 떠올랐다.

환경이 사람을 만든다

왜 서유럽에서는 총칼 대신 시장이 지배적인 논리가 될 수 있었을까? 서양인이 다른 인종들보다 우월해서였을까? 아니면 직접적으로 인종주의를 내세우지는 못하지만 유럽인의 합리성이나 진취적 기상, 창의성 등을 원인으로 꼽는 유럽 중심주의적 학자들의 말처럼 유럽인들에게 뭔가 특별한 구석이 있어서였을까?

근대 이후 유럽의 도약이 유럽인들이 가진 어떠한 뛰어남 때문이라면 서양이 오랜 시간 동안 동양에 비해 뒤처져 있었던 현상이 설명되지 않는다. 유럽이 앞서나가기 시작한 것은 이제 겨우 수백 년 남짓 지났지만 유럽이 뒤처져 있었던 기간은 농경의 시작 이후 근 1만 년에 이른다. 따라서 유럽이 앞서나간 원인보다는 뒤처졌던 원인을 찾는 것이 더 간단한 문제가 될 것이다.

다시 수메르와 서유럽을 비교해 보자. 수메르 지역의 연간 강수량은 200㎜도 되지 않는다. 티그리스강과 유프라테스강이 적셔주는 비옥한 충적토지대를 벗어나면 산지와 면하지 않은 서쪽으로는 광활한 사막이 펼쳐진다. 농경이 불가능한 이 사막지대는 유목민들의 영역이었다. 호전적인 유목민족들은 수메르 시대부터 20세기 초에 이르기까지 강을 끼고 사는 농경 정착민들에게 위협적인 존재이자 지역에 정치적 불안정성을 가져오는 요인으로 작용했다.

이 건조한 지역을 둘러싸고 있는 고원지대로 이동하면 강수량이 늘어나면서 초록빛으로 풍경이 바뀐다. 이곳에는 연간 400㎜ 정도의 비가 내리는데, 강수량 자체가 많지 않고 여름 4개월 동안은 비가 거의 내리지 않는 건기가 찾아와 나무보다는 곡물과 같은 한해살이 식물이 자라기에 더 적합하다. 약 12,000년 전 마지막 빙하기가 끝나고 기온이 올라가자 이 지역에는 야생곡물이 군락을 이루며 자라났다. 이 야생곡물 군락이 제공한 단위면적당 곡물의 양은 종종 전통적인 농경 하에서의 수확량과 맞먹을 정도

괴베클리 테베 유적의 건설 모습. 많은 수의 조직화된 노동력이 동원되었다.

였다.[8] 지천으로 먹을 것이 널려 있었던 것이다.

안정적이고 풍부한 식량자원을 얻은 이 지역의 수렵채집민들은 식량을 구하러 이리저리 옮겨 다닐 필요 없이 한 곳에 눌러앉아 살 수 있었다. 일부 지역에서는 야생곡물의 채집이 제공한 잉여가 훗날 농경사회에서나 나타났을 것으로 여겨지는 상당한 수준의 사회적 복잡성을 지탱할 수 있을 정도였던 것으로 보인다.

터키 남동부에 위치한 괴베클리 테페 유적은 농경이 시작되기 전인 기원전 약 1만 년경부터 조성되기 시작했다. 수렵채집민들에 의해 건설된 이 유적지는 그로부터 약 7천 년 후에 영국의 신석기 농경민들이 건설한 스톤헨지와 유사한 구조를 가지고 있었다. 이곳에 세워진 T자 모양의 거대한 돌기둥들은 무게가 많게는 수십 톤에 이르렀고 각 기둥마다 동물이나 인간의 형상이 솜씨 좋게 조각되었다. 이 유적이 발견되기 이전에는 이러한 대규모의 건축물을 조성할 정도의 인력과 자원의 동원은 농경이 시작된 이후에나 가능했을 것이라고 여겨졌었다.

농경생활이 정착생활에 선행되었을 것이라는 일반적인 인식과 달리 실제 벌어진 일은 그 반대였다. 일단 한 곳에 머물러 살게 된 이후에야 농경같이 오랜 시간 땅에 묶여 있어야 하는 활동이 가능해졌다. 풍부한 야생곡물과 그로 인해 가능해진 정착생활은 인류가 농경을 시작하기 위해 필요한 가장 중요한 선행 요소였다.[9)]

곡물을 주식으로 삼던 수렵채집민들은 씨앗이 땅에 떨어지면 그 자리에서 싹이 돋고 몇 개월 후면 열매가 맺힌다는 사실을 경험으로 알고 있었다. 하지만 이러한 지식을 아는 것과 그 동안 유지해 왔던 생활방식을 버리고 농경을 주 생활수단으로 삼는 것은 별개의 문제였다.

농경이 효율적인 식량확보 수단이기는 했지만 그것은 고되고 반복적인 노동을 필요로 했다. 야생에 충분한 식량이 존재한다면 수렵채집민들은 굳이 힘들게 농사를 짓는 것보다는 자연이 주는 것을 그대로 거두어들이는 쪽을 택했다. 게다가 수십만 년 이상 수렵채집민으로 살아오면서 인간은 사냥과 채집을 즐기도록 진화했다. 만약 어떤 석기시대인이 사냥과 채집을 좋아하지 않아 그것에 싫증을 느껴 음식을 구하러 나가기를 중단했다면, 그 사람은 살아남아 후대에 유전자를 남기지 못했을 것이다.

여성은 채집을, 남성은 사냥을 즐기도록 진화했는데 이러한 오래된 본성의 영향을 오늘날에도 어렵지 않게 관찰할 수 있다. 여성이 쇼핑을 가면 시간 가는 줄 모르는 것은 채집을 즐기는 본성 때문이다. 쇼핑과 채집은 돌아다니면서 이것저것 물건을 보고 고른다는 공통점이 있다. 남성이 게임에 빠지기 쉬운 것은 사냥에 대한 본능 때문이다. 게임에서 가상의 사냥감을 사냥함으로써 현실에서 얻을 수 없는 대리만족을 찾는 것이다.

그러나 결국에는 풍족한 식량공급에 안정적인 정착생활이 더해져 나타난 인구증가가 이곳의 수렵채집민들을 농민으로 변화시켰다. 한동안은 주변의 자연자원을 더욱 집약적으로 채집하여 늘어나는 인구를 먹여 살릴 수 있었을 것이다. 하지만 여기에는 한계가 있었고, 결국 어느 시점에서 인구는 자연이 지탱할 수 있는 수준을 넘어섰다.

자연으로부터 그것이 허용하는 수준을 넘어서는 것을 얻어내기 위해 수렵채집민들은 자연에 기술과 노동을 투입해 그것을 변형시켜야 했다. 농경이 시작된 것이다. 레반트의 나투프 문화에서는 정착생활이 시작되고 3천 년이 지난 후에야 농경사회가 나타났는데[10] 이는 수렵채집민들이 과거의 생활방식을 버리는 것이 얼마나 힘들었는지를 보여준다.

야생곡물이 자라기에 적합한 환경 덕분에 인류 최초로 농경이 시작된 이 고원지대 아래에는 마침맞게도 엄청난 농업잠재력을 지닌 비옥한 충적평야가 자리하고 있었다. 농경생활이 저지대로 내려오는 데는 다시 수천 년의 시간이 소요되었다. 농민들은 고도가 낮아질수록 줄어드는 강수량에 적응해야 했다. 비가 거의 내리지 않는 저지대에서 작물을 기르기 위해서는 관개시설을 통해 인공적으로 농지에 물을 대주어야 했다. 관개시설을 건설하고 유지하는 데는 많은 노력이 소요됐지만 그에 대한 보상은 이를 상쇄하고도 남았다. 관개가 된 땅은 고지대의 천수농경지보다 훨씬 많은 수확을 농민들에게 안겨주었다. 관개농업에 의해 생산된 막대한 농업잉여로부터 자양분을 공급받아 복잡한 도시문명이 자라났다.

이렇듯 수메르인들이 인류 문명의 개척자가 될 수 있었던 것은 유리한 자연환경의 조합 때문이었다. 메소포타미아 주변의 고원지대에서는 야생곡물이 자라기 좋은 환경 덕분에 인류 최초로 농경생활이 시작되었고, 고지대의 농경생활은 바로 아래 위치한 충적평야로 내려와 대량의 농업잉여를 제공하는 관개농업지대를 형성했다.

서유럽은 메소포타미아와 달리 농경에 유리한 땅이 아니었다. 서유럽은 위도 45도 이북에 위치해 있다. 숫자로만 말해서는 이것이 얼마나 높은 위도인지 실감이 잘 나지 않을 것이다. 여기서 북쪽으로 조금만 더 올라가면 북극권에 속해 한여름에는 밤에도 해가 지지 않는 백야현상이 나타난다.

같은 위도를 따라 동쪽으로 이동하면 시베리아를 거쳐 북부 만주가 나타난다. 북부 만주는 강수량이 많은 편은 아니지만 농경이 행해지기에 충분한 400㎜ 이상의 비가 내린다. 하지만 근대

만주족 기마궁수. 이들의 뛰어난 전쟁기술은 사냥을 통해 연마된 것이었다.

에 이르기 전에는 이곳은 제한적으로만 농업화되었었다. 위도가 높아 일조량이 적고 기온도 낮기 때문이었다. 이 지역에서 농업은 수렵과 어로, 목축과 함께 행해지는 여러 생활방식 중 하나였다. 특히 수렵은 만주족들의 가장 중요한 생활수단이었는데, 중국을 정복한 강력한 군사력은 군사작전을 방불케 하는 대규모의 수렵활동을 통해 다져진 것이었다.[11]

다시 서유럽으로 돌아오면 서유럽은 서안해양성 기후의 영향을 받아 북만주와 다르게 기온이 온화하다. 1월 평균기온이 영하 20도 가까이로 떨어지는 북만주와 달리 서유럽에서는 1월에도 평균기온이 4도 위에 머문다. 하지만 대서양에서 불어온 따뜻한 바람이 약한 햇빛을 강하게 해주지는 않는다. 오히려 습기를 머금은 공기가 안개가 되어 햇빛을 가로막아 가뜩이나 부족한 일조량을 더 줄어들게 만든다. 유럽인들의 하얀 피부색은 이렇게 햇빛이 약한 기후에 적응한 결과물이었다.

광합성의 연료인 햇빛이 부족했기 때문에 서유럽의 농민들은 같은 기술수준 하에서도 위도가 보다 낮은 지역의 농민들보다 적은 소출밖에 올릴 수 없었다. 서기 1000년경 프랑스의 농민들은 파종한 밀의 고작 3배 정도밖에 수확하지 못했다. 여기에서 다음해에 종자로 쓸 것을 제하고 나면 실제로 농민들의 손에 남는 것은 정말 얼마 되지 않았다. 헥타르당 생산량은 약 300kg 정도였는데 이는 당시로부터 거의 4천년 전 수메르의 농민들이 같은 면적의 농지에서 거두어들인 양의 3분의 1도 안 되는 양이었다.

유럽 내에서도 위도에 따라 농업생산력의 발전 속도에서 차이를 보였다. 각 지역의 수확량 기록에서뿐 아니라 농업잉여에 의해 지탱되는 도시가 남부에서 먼저 발달했고 시간이 지나면서 북부로 확산되었다는 사실에서도 북부의 농업생산력 발전이 남부보다 느렸음을 읽을 수 있다. 유럽에서 1200년대에 새로 인구 5만을 넘어선 도시의 평균적인 위도는 로마와 비슷한 북위 42도였다. 시간이 흐르면서 이 평균 위도가 점차 북상하여 1700년대에는 런던이 위치한 북위 51도까지 올라갔다.[12)]

불리한 환경 때문에 농업생산력이 낮은 수준에 머물렀던 서유럽은 동방에 비해 발전이 뒤처질 수밖에 없었다. 그런데 이러한 환경적 불리함은 중세 이후에 오히려 서유럽을 전근대적인 고착

상태에서 끌어올리는 조건으로 작용했다.

불리한 자연환경에서 농업생산력이 증가하기 위해서는 시장의 힘에 의한 생산력의 증폭효과가 필요했다. 달리 말하면 서유럽에서는 농업생산력의 증가가 시장이 성장한 이후에야 일어날 수 있었다. 무력집단이 시장의 확장에 의해 증가된 농업잉여의 일부를 흡수하며 성장했지만 시장을 억누를 만큼 충분히 강해지지 못했다.

이를 더 자세히 이해하기 위해서는 무력집단의 발전과정과 그에 따라 변화하는 무력집단과 시장의 상관관계를 살펴봐야 한다.

2

부족적 사회단계

부족적 사회단계

자유로운 야만인

농경생활이 시작된 이후 잉여식량이 본격적으로 생산되면서 일부의 사람들이 공업과 상업, 학문, 종교 등 식량생산 외의 활동에 종사할 수 있게 되었고 폭력도 그 중 하나였다. 비록 잉여가 생산되었다고 해도 생산력이 낮았던 전근대의 농경사회에서는 여전히 대부분의 인구가 식량생산에 매달려야 했다. 비농업인구의 숫자는 보통 열에 한둘 정도였고, 그 중에 폭력을 직업으로 삼는 사람들의 숫자는 그야말로 한 줌에 불과했다. 이렇게 아주 소수에 불과한 무력집단이 절대다수인 농민들과 다른 생산자들을 지배할 수 있었던 것은 그들이 가진 조직력에서의 우위 덕분이었다.

설명을 쉽게 하기 위해 조직폭력배를 예로 들어보겠다. 조직폭력배는 조직을 이뤄 폭력을 행사하는 자들이다. 이들이 조직을 이루는 이유는 혼자서는 남을 위협하여 금품을 갈취하기 힘들기 때문이다. 조직이 없는 동네 건달 한 명이 상인들을 위협한들 오히려 성난 상인 여러 명에게 붙잡혀 봉변을 당할 수도 있다. 그러나 숫자를 늘려 조직을 이루면 이야기가 달라진다. 여전히 숫자는 상인들 쪽이 훨씬 많지만 이들은 싸움에 익숙하지 않고 또한 싸움을 두려워한다. 상인들이 가진 더 큰 열세는 조직력의 측면에 있다. 만약 지역 상인 전체가 단합해서 맞선다면 한 무리의 폭력배 정도는 쉽게 제압할 수 있을 것이다. 그러나 상인들은 하나의 조직으로 결집되어 있지 않기 때문에 개개인이 각자 폭력조직을 상대해야 한다. 덕분에 폭력배 한 무리가 수십, 수백 명의 상인들을 상대로 갈취를 할 수 있는 것이다.

무력집단과 농민 사이의 관계도 이와 크게 다르지 않았다. 과거의 농경 촌락을 생각해 보자. 농사일에 묶여 있는 농민들은 그들이 거주하는 곳을 벗어나는 일이 거의 없었다. 가끔씩 인근에서 열리는 장에 나가는 게 이들이 주변 세계와 소통하는 거의 유일한 기회였다. 따라서 농민들의 사회적 관계망은 그들이 거주하는 지역으로 한정됐고 이들이 무력집단에게 맞서기 위해 동원할 수 있는 인적자원 풀도 특별한 계기가 있지 않는 이상 그 좁은 지역으로 국한됐다.

반면 무력집단은 전국에 걸친 위계화된 조직을 가지고 있었다. 협소한 조직력 때문에 지역적인 수준에서 일어난 농민들의 저항은 국가 전체에서 인력과 자원을 동원할 수 있는 무력집단을 상대해야 했다. 설령 한 지방의 농민들이 그 지방을 지배하는 무력집단을 제압하는 데 성공하더라도 곧 그 지방의 무력집단이 속한 국가 전체에서 동원된 거대한 군대가 이들을 진압하기 위해 다가왔다. 지방의 농민들이 수천에서 수만에 이르는 군대에 맞서는 것은 거의 불가능한 일이었다. 잔혹한 피의 보복이 일어났고 농민들은 다시금 무력집단의 지배 아래 복속되었다. 전체 인구의 몇 퍼센트 남짓한 귀족들이 그들보다 수십 배나 많은 나머지 인구를 지배할 수 있었던 것은 이러한 조직력에서의 절대적인 우위 덕분이었다.

조직력의 우위가 있어도 농민들을 지배하기 위해서는 어느 정도 숫자가 갖추어져야 했다. 무장한 전사 몇 명 정도 모여서는 노략질 정도는 가능해도 농민들 위에 군림할 수는 없었다. 따라서 극소수의 무력집단밖에 부양될 수 없는 농업생산력이 아주 낮은 단계의 사회에서는 무력집단이 생산자를 지배할 정도의 힘을 갖지 못했다.

이 단계의 사회에서는 정치권력이 아직 무력집단의 손에 독점되지 않았고 지역마다 정도의 차이가 있지만 생산자들이 정치적 결정권을 가지고 있었다. 많지는 않지만 잉여가 생산됐기 때문에 빈부격차가 존재했고 일부 유력자들은 강한 영향력을 행사했다. 그러나 이들은 지도적인 위치에 있었지만 부족민들을 지배하지는 못했다. 부족의 의사결정은 부족민들의 회의체에서 이루어졌고 가난한 구성원들도 여기서 배제되지 않았다. 세습적인 귀족계급이나 왕이 존재하기도 했지만 이들도 부족민들의 신임을 얻지 못하면 지위를 보전하지 못했다.

대이동기 이전 게르만족 부족 중 일부는 세습적인 왕을 가지고 있었지만 이는 종교적이고 상징적인 지위였고 실권은 자유민들에 의해 선출된 전쟁지도자에게 있었다. 귀족계급이 존재했으나 이들 역시 자유민의 일원이었다. 평범한 신분의 사람도 개인의 업적에 따라 고귀한 혈통을 얻을 수 있었다. 부족의 자유민들은 회의를 열어 그들의 문제를 직접 결정했다. 전쟁과 같은 중대사는 반드시 부족민들의 합의를 필요로 했다.

갠지스 평원으로 진출하기 이전 반유목생활을 하던 아리아인 사회에서 부족장은 선출되거나 세습됐는데, 부족민들의 불만을 사면 그 자리에서 쫓겨날 수도 있었다. 소수의 유력자들이 부족의 정치를 주도했지만 부족민들은 회의체를 통해 의사결정과정에 참여했다. 이때부터 전사계급인 크샤트리아가 자라나고 있었지만 이들과 자유민 사이에는 후대의 카스트 제도와 같은 정형화된 간극은 아직 나타나지 않았다.[1)] 주된 계급구분은 아리아인과 피정복 원주민 사이에 그어져 있었다.

이 시기의 낮은 농업생산력은 무력집단뿐 아니라 국가도 지탱하지 못했다. 넓은 영토를 가진 국가가 형성되기 위해서는 국가 내의 각 지역들을 하나로 묶어주는 군사조직과 행정조직이 필요하고 이것을 유지하려면 많은 비용이 소모된다. 그만한 비용을 충당할 잉여가 생산되지 않는 생산력이 아주 낮은 농경사회에서는 각 지역들을 국가라는 틀 안에 통합시켜줄 이러한 지배조직이

악마를 처치하는 시바신. 인도를 침입한 아리아인에 의해 써진 베다경전에서 원주민을 이르는 단어인 다사는 또한 악마와 노예를 지칭하는 말이기도 했다.

부양될 수 없었고, 따라서 사회는 수많은 부족들로 잘게 나누어져 있었다. 부족들 사이에 연합이 일어나기도 했지만, 확립된 지배조직에 의해 묶이지 않은 느슨한 연결은 정치적 통합을 가져오지 못했다.

호전적인 사회

서로 머리를 맞대고 으르렁거리는 여러 부족들을 통제할 상급의 권위가 존재하지 않았기 때문에 농경 부족들은 원시시대부터 이어져온 만성적인 전쟁상태에서 벗어나지 못했다. 폭력을 독점한 국가에 의해 무력에서 멀어지고 온순해진 보다 부유한 농경사회의 농민들과 달리 이 시대의 농민들은 용맹한 전사이기도 했다. 부족을 위해 전장에 나가 싸우는 것은 이들이 가진 자유민으로서의 권리에 따르는 의무였다. 부족들은 필요에 따라서는 자유민 남성 전체를 전쟁에 동원할 수도 있었다. 이들은 잦은 전쟁에 의해 단련된 데다가 그들의 부족을 위해 싸우기 때문에 억지로 끌려나오거나 돈을 받고 고용되어 소수 지배계급의 이익을 위해 싸우는 왕국이나 제국의 병사들보다 싸우려는 의지가 훨씬 강했다. 따라서 이 단계의 사회는 농업생산력이 높은 사회보다 훨씬 강력한 군사적 잠재력을 가지고 있었다.

이들의 약점은 여러 부족으로 분열된 데다가 서로 싸우기 바빠서 통일된 군사력을 내기 힘들다는 것이었는데, 몽골의 징기스칸처럼 강력한 지도자가 출현하거나 훈족의 침입을 받은 게르만족처럼 외부에서 비롯된 위기상황에 의해 하나로 뭉쳐질 경우 이웃의 부유한 농경민족들에게 재앙과 같은 존재가 되었다.

과거 농경사회에서 정복자들은 주로 척박한 변방지역에서 출현하였다. 게르만족은 숲에서, 아랍인은 사막에서, 페르시아인은

무굴제국의 창시자인 바베르. 티무르 왕조의 일원이었던 그는 징기스칸의 후손이었다. 무굴이라는 이름은 몽골이 변형된 것이었다.

산에서, 몽골족은 초원에서 뛰쳐나와 그들보다 인구가 수십 배는 많은 제국들을 거꾸러뜨리고 스스로 제국의 지배자가 되었다.

농업사회 발전단계의 초기에 속하는 부족사회는 외부로부터 문자를 받아들인 예외적인 경우를 제외하고는 자신들의 삶을 기록할 수단을 갖지 못했다. 그래서 부족적 사회에 대한 기록은 대부분 척박한 환경 때문에 발전이 늦어진 지역을 방문한 보다 진보된 문명에서 온 외지인들에 의해 이루어졌다.

뉴질랜드의 한랭한 기후는 폴리네시아의 열대작물이 자라기에 적합하지 않아 마오리족은 17세기에 유럽인들이 그들의 땅에 처음 발을 디뎠을 때까지 부족적 사회단계에 머물러 있었다. 당시 이들은 40여 개의 부족으로 나누어져 끊임없이 전쟁을 벌이고 있었다. 분쟁의 가장 큰 원인은 한정된 농경지와 자연자원을 차지하기 위함이었다. 인구가 증가하여 새로운 땅이 필요한데 주변 지역이 모두 다른 부족들에 의해 점유되어 있다면 무력을 사용해 빼앗는 것 외에는 다른 해결방법이 없었다.[2] 그 외에 주술적인 마나를 획득하기 위해 혹은 모욕에 대한 보복으로 공격이 일어났다. 집단의 규모가 작은 사회의 전쟁이 으레 그렇듯 싸움은 주로 습격의 형태로 이루어졌고 양측의 전사들이 서로 대치하며 전면전을 치르는 경우는 드물었다.

마오리족은 영국인들의 눈에 아주 호전적인 민족으로 비춰졌다. 이러한 시각은 조직화된 국가의 지배를 받는 민족들이 부족적 사회단계에 있는 민족들을 바라보는 일반적인 시각이었다. 영국인들의 조상인 게르만족도 로마인들에게 난폭하고 싸우기를 좋아한다는 평을 받았다.

항시적인 전쟁의 위협 속에서 살던 마오리족은 침입자들로부터 그들의 거주지를 보호하기 위해 마을 주변에 목책을 두르고 해자를 팠다. 이렇게 요새화된 마을은 '파'라고 불렸다.

청동기 시대 한반도에서도 비슷한 현상이 나타났다. 이 시대에 우리 조상들은 그들의 마을을 목책과 환호라 불리는 해자로 둘러쌌고, 여기에 더해 나무를 뾰족하게 깎아 비스듬히 세워 다가오면 찔리게 만드는 녹채까지 만들어 보호했다. 막대한 노동력을 들여 삼중의 방어시설을 건설한 것을 보면 우리의 조상들도

17세기경 마오리족 마을(위)과 기원전 5세기경 한반도의 송국리 유적(아래)의 복원도. 두 지역의 사람들은 수천 년과 수천 킬로미터의 시간적, 공간적 간극을 넘어 같은 걱정거리를 안고 살고 있었다.

주변 부족들로부터 심각한 전쟁의 위협을 받았음을 짐작할 수 있다.

노예와 귀족

마오리족 전사들은 전쟁에서 패해 잡힌 자들 중 남성들은 죽이고 부인으로 삼을 만한 젊은 여성들은 끌고 갔다. 여기까지는 수렵채집민들이 전쟁에서 패자를 대한 방식과 별 차이가 없었다. 다른 점은 농경민족인 마오리족은 여성들과 아이들을 노예로 삼기 위해 잡아갔다는 것이었다.

농경이 시작되고 인간의 노동이 잉여를 생산하면서 타인의 노동력을 착취하는 것이 수지맞는 사업이 되었다. 수렵채집생활에서도 상당 수준의 잉여식량이 생산될 정도로 자연자원이 예외적으로 아주 풍족한 지역에 살았던 수렵채집민들은 농경생활 이전에도 이미 노예노동을 사용했다. 한 예로 풍부한 해양자원을 이용할 수 있었던 북미대륙 북서부 해안가에 거주하던 원주민 부족들은 전쟁포로들을 노예로 삼았고 노예무역도 존재했다.[3)]

부족적 사회의 구성원들은 대체로 귀족과 자유민, 노예로 나누어져 있었다. 인구의 대다수를 차지하는 자유민들이 아직 귀족들에게 종속되어 세금과 지대 납부자로 전환되지 않아 노예노동이 주요 잉여 착취수단이었다. 끊임없이 벌어지는 전쟁은 안정적인 노예 공급원의 역할을 했다. 그래서 부족적 사회단계에서는 평민들의 지위가 악화된 후대의 사회단계보다 오히려 노예가 더 흔한 경우가 많았다. 그러나 이 시기 노예의 사회적 위치는 국가권력의 조직적인 탄압을 받은 후대보다 양호했다.

마오리족 사회에서 노예는 흔히 자유민과 결혼했고 그들의 후손은 자유민의 신분을 가지고 태어났다. 노예 출신도 능력을 인정받으면 높은 지위까지 올라갈 수 있었다.[4] 게르만족 사회에서 노예는 생산물의 일정 부분을 주인에게 바쳐야 했지만 독립된 가정을 이루고 살 수 있었다.

자신이 생산한 잉여를 빼기는 자가 있으면 그것을 얻는 자도 있었다. 농업생산력이 발전하여 잉여식량의 생산이 증가하면서 식량생산에서 떨어져 나와 폭력을 업으로 삼는 자들이 늘어났다. 무력집단은 점차 자유민들의 권리를 위협할 정도의 세력을 형성해 갔다.

게르만족에 속한 고트족의 부족연합인 테르빈지는 약 3천 명 정도의 귀족들로 구성된 군대를 가지고 있었다. 귀족들은 이 군사력을 기반으로 그들의 권력을 강화시켰고 자유민의 권리를 침해했다. 여전히 마을단위의 의사결정 과정은 모든 자유민들의 참여 아래 이루어졌지만 부족단위의 정치는 전사집단을 거느린 유력자들로 구성된 과두적인 부족회의에 의해 지배되었다.[5]

폭력에 의한 권위가 성립되기 이전인 이 시기에는 종교적 권위가 사회를 지도하는 위치에 있었다. 하지만 무력집단의 지배에 협조하는 대가로 그 권력의 일부를 나누어 받았던 후대의 사제들과 달리 이 사회단계에서 사제의 권위는 보통 초자연적인 세계에 머물러 있었고, 물질적인 실제 세계에서 부족민들에게 강제적인 권력을 행사하며 군림하지 못했다.

무력집단의 지배력이 강화될수록 종교적 권위는 군사력에 의해 세워진 세속적인 권력에 종속되어 갔다. 무력집단의 지배가 성립된 후대의 사회단계들에서 사제들은 무력집단의 억압적인 지배를 종교적인 미사여구로 치장시켜주는 대신 권력자들의 비호를 받았다.

농업생산력이 아주 낮았던 시절에는 식량생산을 책임지는 농민들이기도 한 전사들이 장기간 동안 농사일에서 이탈해 군사활동을 벌이기 어려웠다. 또한 군대를 먹일 군량도 부족해 군사활동의 규모가 제한적이었다. 때문에 전쟁은 주로 소규모의 습격형태로 이루어졌고 몇 명 정도를 살해하고 물러나는 것이 일반적이었다.

농업생산력이 늘어나면서 부족들은 이전보다 더 많은 인력과 자원을 전쟁에 동원할 수 있게 되었다. 이제는 대규모의 군대가 장거리 원정을 벌여 멀리 떨어진 지역까지 정복하는 것이 가능해졌다. 이렇게 정복된 광범위한 영토는 잉여식량에 의해 부양되는 군사조직을 통해 지배할 수 있게 되었다. 증대되는 군사적 위협에 맞서기 위해 인접한 부족들이 연합을 이루기도 했다.

그 결과 여러 부족들에 의해 나누어져 있던 지역이 하나의 세력으로 통합되어 국가라고 부를 수 있는 규모의 정치적 통합체가 출현하였다. 정치단위의 규모가 커지면서 지배조직을 통해 광범위한 지역에서 군사력을 모아 집중시킬 수 있는 무력집단의 조직력에서의 우위가 힘을 발휘하기 시작했다.

농업생산력이 발전하면서 인구가 증가하자 한정된 자원을 둘러싼 경쟁이 더욱 심화되었다. 부족들 간의 싸움이 격화되자 전쟁에서 주도적인 역할을 하는 무력집단의 입지가 강화되었다. 또한 전쟁에서 얻은 토지와 전리품, 노예는 군사귀족들에게 커다란 부를 안겨주었다. 전쟁을 통해 이익을 얻었던 무력집단은 전쟁에 굶주려 있었다. 무력집단은 그들의 확대된 영향력을 이용해 그들의 부족을 더욱 빈번한 전쟁으로 몰아갔다.

이렇듯 농업생산력이 발전할수록 무력집단의 지배력이 강화되었고, 이는 결국 무력집단에 대한 생산자들의 종속을 가져왔다.

유럽인들로부터 감자와 돼지가 전해진 후 마오리족의 식량생산이 급격히 증가했다. 감자는 뉴질랜드의 한랭한 기후에서 잘 자랐고 돼지는 변변한 식용가축이 없던 마오리족에게 안정적으로 고기를 제공해 주었다. 과거 마오리족의 전쟁은 식량사정에 의해 제약되었다. 전사들은 곧 농민이기도 해서 이들이 싸우러 떠난 동안에는 일손이 부족해졌고 원정기간 동안 이들이 소비할 잉여의 식량이 필요했다. 그래서 전쟁은 많아 봤자 백여 명 정도의 인원이 참여하는 국지적인 수준으로 일어났다.

농업생산이 증가하면서 이러한 제약이 완화되었다. 천여 명 이상의 군대가 수백 킬로미터가 넘는 장거리 원정을 벌이기도 했다.[6] 대규모화된 전쟁에서 두각을 나타낸 몇몇 전쟁지도자들은 뉴질랜드 섬 전체에 미치는 영향력을 획득했다.

마오리족 사회에서 무력집단의 자체적인 발전과정은 영국인의 침략에 의해 중단되었다. 게르만족 사회와 아리아인 사회에서 일어난 현상은 마오리족 사회에서 자체적인 발전과정이 이어졌을 때 어떠한 사회가 나타났을지 짐작할 수 있게 해 준다.

그들의 원 거주지인 동유럽보다 농업생산력이 높은 서유럽을 정복한 게르만족의 자유민들은 전사귀족들에 의해 점차적으로 무장해제당하고 예속적인 신분으로 전락해갔다. 그리하여 몇 백 년 후에는 그들이 정복했던 원주민들과 함께 농노라는 피지배계급을 이루게 되었다.

비옥한 갠지스 평원으로 진출한 이후 아리아인 부족민들 역시 지위가 악화되었다. 이들은 갈수록 견고해지는 카스트 질서 안에서 상층계급에게 지배당하는 하층계급의 위치로 강등되었다. 그리하여 이들과 원주민 피정복민 사이의 구분이 희미해졌다.

3

지방분권적 무력집단

지방분권적 무력집단

봉건적 사회

농민들을 종속시킨 전사귀족들은 특권계급을 형성했다. 귀족들은 중앙에서 구심점이 되어줄 누군가가 필요했다. 가혹한 착취에 시달려 불만에 찬 농민들이 언제 들고일어날지 몰랐고 이웃 지역의 지배자들도 호시탐탐 침입할 기회를 노리고 있었다. 내부와 외부로부터의 위협에 보다 효과적으로 대응하기 위해서는 하나로 뭉쳐야 했고 그러기 위해서는 중앙에서 이들을 이끌어줄 존재가 있어야 했다.

그러나 지방의 귀족들은 중앙정부가 구심점 이상의 역할을 하여 그들의 권력을 잠식하는 것을 달갑게 여기지 않았다. 또한 그들이 농민들로부터 거두어들인 수입을 고분고분하게 중앙권력과

영국 웨일스 동남부에 위치한 래글런성. 중세 유럽의 귀족들은 군사요새인 성채에 거주하며 주변지역의 농민들을 지배했다.

나눌 생각도 없었다. 그들에게 더 강한 중앙정부가 필요해지거나 아니면 왕의 힘이 강해져 그들을 굴복시키고 빼앗아가기 전까지는 말이다.

당신이 중세 초기 프랑스의 왕이라고 가정해보자. 당신은 명색이 국왕이지만 당신의 권위는 왕실 영지인 파리 주변지역을 벗어나면 별 의미를 가지지 못했다. 불충한 영주들은 멀리 떨어진 자신들의 성채에 들어앉아 실질적으로 독립적인 지배자로 군림했다. 대영주들은 자신들이 왕의 직함을 가지지 않은 것을 빼고는 스스로가 당신과 동등한 위치에 있다고 생각했다. 당신도 과거 로마의 황제들처럼 거대한 군대와 유능한 관료들을 휘하에 두고 건방진 영주들을 복종시켜 절대권력을 누리고 싶었지만, 문제는 군대와 관료조직을 만들 돈이 없다는 것이었다. 당신의 가난한 신민들에게는 그들 자신과 지방의 귀족들을 먹여 살리고 나면 중앙으로 올려 보낼 것이 거의 남지 않았다.

중앙집권적 체제는 비용이 많이 든다. 이러한 체제가 작동하기 위해서는 농민들이 지방의 귀족들에 더해 비대한 상비군과 관료조직까지 부양해야 했다. 교통이 발달하지 않았던 시절 지방에서 생산된 산물을 멀리 수도까지 올려 보내는 것은 엄청난 자원이 소모되는, 자칫 배보다 배꼽이 더 클 수 있는 낭비적인 행위였다. 중국의 황제들이 운하건설에 공을 들인 것도 지방에서 거둬들인 세금을 보다 수월하게 중앙까지 운반하기 위해서였다. 로마제국은 지중해라는 천혜의 고속도로를 가지고 있어 운이 좋은 편이었다.

무력집단의 지배가 갓 성립된 농업생산력이 아직 낮은 사회는 막대한 비용을 잡아먹는 중앙집권적 지배조직을 지탱할 수 없었다. 때문에 각 지방에 자리 잡고 있는 무력집단들은 자신들의 지역에서 독립적인 권력을 행사했다.

이러한 지방분권적 사회를 가리키는 봉건제*라는 용어가 있다. 봉건제는 주로 중세시대 서유럽을 지배하던 체제를 설명하는 데 쓰이지만 원래 주나라 시대 중국에서 기원된 말이었다. 고대

* 봉건제(封建制, feudalism)는 신하가 주군에게 군사적 봉사를 중심으로 여러 의무를 수행하는 대신 그가 독립적인 권한을 갖는 봉토(封土, fief)를 수여받는 지방분권적 사회의 제도이다.

중국에서 사용되던 용어가 중세 서유럽의 역사를 설명하는 데 그대로 쓰일 수 있는 것은 주나라의 정치체제가 그로부터 약 2천 년 후의 서유럽의 그것과 신기할 정도로 유사했기 때문이었다.

농업생산력의 발전이 느렸던 서유럽은 중세시대가 되어서도 고대 주나라 시대의 수준과 비슷한 낮은 농업생산력에 머물러 있었다. 그래서 주나라 시대와 비슷한 형태의 지방분권적 사회구조가 수천 년 후의 중세 서유럽에서 성립됐던 것이다.

봉건제라는 말은 주나라 왕이 제후들에게 봉토를 나누어 준 것에서 비롯되었다. 제후들은 봉토를 소유하는 조건으로 왕이 필요로 할 때 군사력을 제공할 의무와 제사를 지내는 데 필요한 약간의 공물을 바칠 의무를 가진 것 외에는 자신들의 영지를 독립적으로 다스렸다. 이들은 자신들의 영지를 다시 쪼개 가신들에게 봉토로 나누어 주었다. 이 가신들도 자신들의 봉토에서 지배자로 행세했다. 진(晋)나라의 경우처럼 가신들이 자신들의 영지를 가지고 독립해 나와 제후국을 세우는 경우도 있었다.

고조선도 지방분권적 무력집단의 지배를 받았던 것으로 보인다. 삼국지 위서 동이전에 의하면 조선상 역계경이 한나라와의 외교문제에 대해 우거왕에게 간언했으나 듣지 않자 휘하의 2천 호를 이끌고 남쪽의 진국으로 갔다는 기록이 나온다. 역계경은 고조선 안의 한 지역을 다스리던 수장이었다. 그가 자의적으로 그의 휘하들을 이끌고 고조선을 이탈했다는 사실은 그가 그의 지역에 거주하던 사람들에게 독립적인 권한을 행사했음을 보여준다. 고조선에는 역계경과 같이 상(相)이라는 관직을 가진 이들이 여럿 있었다. 우거왕을 살해하고 한나라에 항복한 니계상 참은 니계라는 지역의 수장이었다. 상(相)은 고조선 내의 특정지역의 지배자이면서 조정에 관직을 가지고 국정에 참여했다. 고조선은 이러한 지방세력들의 연합체였다.[1)]

전사귀족

지방분권적 무력집단이 지배하는 사회에서 귀족들은 직접적으로 무력을 행사하여 생산자들을 지배하는 전사였다. 이들은 부유한 특권층인 만큼 값비싼 무장을 갖추었는데, 이들이 일반 대중에 대해 갖는 군사적 우위의 상당 부분은 우월한 무장에서 비롯됐다.

중세 유럽의 귀족들은 무거운 갑주를 두르고 말을 탄 중장기병으로 싸웠다. 이 중장기병의 무리가 굉음을 내며 무시무시한 기세로 돌진하면, 허술한 무장을 갖춘 농민군 정도는 대개 모래알처럼 흩어져 버렸다.

중국 주나라의 귀족들이 애용하던 무기는 전차였다. 카스피해와 흑해 인근 초원지대에서 살던 인도유럽어족 유목민들에 의해 개발된 이 위력적인 무기는 기원전 1700년경부터 서남아시아와 북아프리카의 전장을 지배했고, 유라시아 초원을 거쳐 중국까지 전해졌다. 시속 50km까지 속력을 낼 수 있는 전차를 타고 이리저리 내달리며 합성궁을 쏘아대면 전차의 속도를 따라갈 수 없는 보병군대는 거의 아무런 피해도 입히지 못하고 무너져 내렸다.[2)]

전차를 타고 누비아인 병사들을 학살하고 있는 것으로 묘사된 투탕카멘. 이집트인들은 전차를 가진 힉소스인에게 정복당한 뒤 이 유목민족의 신무기를 받아들였다. 경제력이 뒷받침되어 대량의 전차군대를 동원할 수 있었던 이집트는 신왕국 시대(기원전 1550-1077) 동안 오리엔트 지역의 최강대국으로 떠올랐다.

주나라가 기원전 1046년에 일어난 목야전투에서 수적으로 훨씬 우세한 상나라의 군대를 꺾고 중원을 손에 넣을 수 있었던 데는 전차가 큰 역할을 했던 것으로 보인다.[3] 상나라에도 전차가 있었지만 농경민족이었던 이들은 전차를 다루는 데 익숙하지 않았다. 상나라의 군사귀족들은 전차를 단순한 탈것으로 이용했다. 반면 본래 유목민족이었다가 농경생활을 받아들이고 웨이수이강 유역에 정착한 주족은 전차를 본래의 용도인 고속전투병기로 사용했다.

이 시대의 전장은 귀족 전사들이 무용을 겨루는 자리였다. 하층민들로부터 충원된 병사들은 주로 귀족 전사들을 보조하는 부수적인 역할을 했다. 중세 유럽에서 전투의 승패는 기사들 간의 싸움에서 결정되었다. 양측의 군대는 말이 달리기 좋은 평원에서 만났다. 전투가 시작되면 기사들은 서로를 향해 돌격을 감행한 후 뒤엉켜서 싸움을 벌였다. 이들에게 있어 땅바닥을 걸어 다니는 하찮은 보병들은 뒤쫓을 만한 가치도 없었다. 보병의 무리는 귀족 기병들을 엄호하고 기사들에 의해 승패가 갈린 뒤 포로를 잡는 등 뒤처리를 하는 역할을 했다.[4]

주나라 시대에는 중세 유럽의 기사와 비슷한 성격을 가진 사(士)라는 계급이 존재했다. 후대에 가서는 학문을 익힌 문인 선비를 뜻하게 됐지만 무인들이 지배하던 이 시대에 사(士)는 원래 전차를 타고 싸우던 전사였다. 주나라 시대 전쟁의 양상은 중장기병 대신 전차병이 등장한다는 사실을 빼고는 중세 유럽과 거의 흡사했다. 양측은 서로 합의해서 전차를 운용하기 적당한 넓고 평평한 지형을 가진 곳을 전장으로 정했다. 전투가 벌어지면 전차병들은 앞으로 돌진하여 서로 간에 1:1 대결을 벌였다. 평민보병들은 전장에서 보조적인 역할만을 맡았다. 뒤에서 귀족 전차병들의 싸움을 지켜보며 대기하던 보병들은 귀족 전사가 전차에서 떨어지거나, 말이 부상당하거나, 전차가 부서져 승패가 갈리면 그때서야 아군 전차병을 보호하거나 적을 처리하러 달려 나갔다.[5]

지배계급의 근본적인 성격이 전사였기 때문에 주나라에서는 제후나 고관들도 직접 전차를 타고 나가 싸웠다. 이것은 중세 유럽에서도 마찬가지였다. 1415년 프랑스를 침입한 영국과 아쟁쿠르 전투에서 싸우다 희생된 자들의 면면을 보면 프랑스의 대무장관과 대제독 같은 최고위 관료와 3명의 공작, 6명의 백작이 포함되어 있었다. 이런 측면에 있어서는 일본군이 침입하자 백성들을 버리고 도망치기 바빴던 문약한 조선의 지배계급보다는 나아 보이는 모습이었다.

전사귀족들이 행사하는 권력은 이들이 직접 소유한 군사력으로부터 나왔기 때문에 이들의 사적인 소유물로 취급되었다. 이들이 지배하는 영토는 세습재산으로 자손들에게 상속됐고 국가의 고위직도 일부 유력 가문에서 대를 이어가며 독점하였다.

농 노

무력집단이 농민들에게 행사하는 지배력의 정도는 농민들에 대해 무력집단이 가지는 군사력의 우위가 얼마나 강한지에 달려 있었다. 무력집단이 농민들을 군사적으로 압도할 수 있었다면 농민들의 불만을 폭력으로 억누르고 무력집단의 의지를 관철시킬 수 있었다. 반면 무력집단의 군사적 우위가 크지 않았다면 농민들에 대한 무력집단의 통제력은 약화되었다.

주나라와 중세유럽의 경우에서 살펴보았듯이 이 단계의 사회에서 피지배계급은 군사적으로 아주 무력한 상태에 있었다. 중세 유럽에는 기사들이 하층민 보병을 상대로 무적이라는 인식이 펴져 있었다. 방어장비를 거의 갖추지 못한 데다 훈련도 되어 있지 않은 농민들의 무리는 기사군대의 돌격이 가하는 맹렬한 충격을 버텨낼 가망이 거의 없었다.

수백 년 동안 기사들은 평민들을 상대로 손쉬운 승리를 거두어 왔다. 그래서 1302년 황금박차 전투에서 프랑스의 기사군대가 플랑드르*의 수공업자들에게 패배한 사건은 엄청난 충격으로 다가왔고 예외적인 사건으로 여겨졌다. 주나라에서도 평민들의 군사적 역량은 귀족 전차병들에 비해 절대적인 열세에 있었다. 이 시대에 전쟁의 승패는 얼마나 많은 전차를 동원할 수 있는가에 따라 결정됐고 한 나라의 국력은 얼마나 많은 전차를 가지고 있느냐로 가늠되었다.[6)]

전사귀족들에게 군사적으로 종속된 농민들은 귀족들에게 인신적으로 예속된 상태에 있었다. 농민과 영주 사이의 관계는 소작농과 지주 사이의 그것과 같이 지대를 바치는 단순한 경제적인 성격의 것이 아니었다. 영주들은 농민들에게 명령을 내리고 강제적인 노역을 부과할 수 있는 권한을 가지고 있었다. 농민들은 그들의 몸뚱이를 마음대로 할 자유가 없었던 것이다.

중세 서유럽의 농노(serf)란 단어는 라틴어에서 노예를 가리키는 servus에서 비롯된 말이었다. 농노는 노예처럼 주인의 소유

---

* 과거 저지대 국가에 존재했던 지방. 그 대부분은 오늘날 벨기에의 플랑드르 주에 위치했고 일부는 프랑스와 네덜란드에 걸쳐 있었다. 오늘날의 북부 프랑스, 벨기에, 네덜란드에 걸쳐 있었다.

중세 유럽의 농노들은 영주에게 인신적으로 예속되어 있었다.

물은 아니었지만 영주의 영지에 속박된 존재였다. 영주가 땅을 다른 이에게 넘기면 그 땅에 소속된 농노도 땅과 함께 딸려갔다. 농노는 영주가 명령한 부역노동을 수행해야 했다. 농민들은 영주의 토지를 경작해야 했고, 운송작업이나 영주의 성의 보수작업 등에 동원되었다. 후대에 가서는 이 중 대부분이 금납으로 대체되어 아주 일부만이 남았지만 농민들은 자신들의 자유를 제약하는 부역노동을 가장 성가신 존재로 여겼다.

주나라 시대에는 정전제라는 제도가 있었다. 이 제도에서 농민들은 정(井)자 모양으로 나누어진 토지의 외곽 부분을 각자 경작하여 거기서 거두어들인 농작물을 가졌고, 가운데 부분의 토지는 부역노동을 통해 경작하여 그 산물을 영주에게 바쳤다. 농민들은 토지를 계속 경작할 권리와 상속할 권리 등을 가지고 있었지만 그 권리는 영주의 상급권리에 의해 제한되어 농민들은 토지를 온전하게 소유할 수 없었다.[7] 이는 중세 유럽에서도 마찬가지였다.

봉건적 사회에서 군사력을 독점한 귀족들의 위세가 드높았지만 중앙집권화된 지배조직이 결여된 지방분권적 무력집단의 분산적인 지배력은 성긴 그물과 같아서 틈이 많았고 농업생산력의 증가에 의해 발전하는 사회를 가둬둘 수 있을 만큼 장악력이 강하지 않았다. 그래서 이 사회단계의 말기로 갈수록 농민들의 지위가 상승하고 시장이 발달했다.

무력집단의 지배가 가져온 순기능도 있었다. 비록 귀족들은 싸움에 몰두했지만 어쨌든 사회가 무력집단에 의해 통합됨에 따라 과거 부족적 사회의 만성적인 전쟁상태에서는 벗어났다. 이제 더 이상 과거와 같이 한 마을이 자기 마을 사람들을 모욕했다는 이유로 이웃 마을을 공격하여 학살을 벌이는 일은 일어나지 않게 되었다. 폭력의 행사에서 분리된 생산자들은 상대적으로 평화로운 환경 속에서 생산활동에 보다 몰두할 수 있게 되었다.

4

과도기적 단계

과도기적 단계

돈키호테

高臺百尺盡頭顱(고대백척진두로)
何止區區万骨枯 (하지구구만골고)
矢石無情緣鬪勝 (시석무정연투승)
可憐降卒有何辜 (가련항졸유하고)

백 척 높이의 언덕이 모두 두골로 쌓은 것이니
1만 명의 뼈를 쌓아도 이에 한참 못 미치리라
싸움에 이기기 위해 화살과 돌에는 인정이 없다지만
항복한 가련한 병사들에게 무슨 죄가 있었을까?

전국시대(기원전 475-221) 말기 조나라의 50만 군대는 진(秦)나라 장군 백기의 전략에 빠져 장평에서 포위당했다. 수차례 돌파를 시도했지만 인근 허난성 지역의 15세 이상 장정들에게 작위까지 제공하며 병력을 보강한 진나라의 포위망을 뚫지 못했다. 46일을 버티던 조나라군은 식량부족을 견디지 못하고 결국 항복했다. 진나라 입장에서는 40만 명이나 되는 항복한 병사들을 먹일 군량이 없었다. 그렇다고 이들을 풀어주면 훗날 또다시 진나라에 창끝을 겨눌 것이 자명했다.

그래서 진나라는 240명의 소년병을 제외한 조나라 병사 전부를 처형했다. 이는 주변국들에 대한 경고의 의미도 가지고 있었는데, 그래서였는지 죽은 병사들의 인골로 높은 언덕을 쌓아 그 위에 단을 올렸다고 한다. 위의 시는 후대의 한 사관이 이때 참혹한 죽음을 맞이한 조나라 병사들을 애도하며 지은 것이다.

여기서 주목해야 할 점은 희생된 병사들의 숫자다. 40만이라는 숫자는 과장된 것일 가능성이 크다. 하지만 주나라가 이 싸움에서 너무 많은 젊은이들을 잃어 다시는 예전의 국력을 회복하지 못했던 것을 미루어 봤을 때 이 전투에 엄청난 숫자의 병사들이 동원된 것은 분명해 보인다.

지방분권적 무력집단이 지배하는 사회에서 전투에 참여하는 인원의 수는 보통 많아야 수천 명 정도였다. 당시의 낮은 생산력으로 이보다 큰 군대를 동원하는 것은 무리가 따르는 일이었다. 이렇게 전투가 소규모로 이루어졌기 때문에 소수의 귀족 전사들이 전장을 지배할 수 있었던 것이다. 농업생산력이 발전하면서 더 많은 병사들을 먹이고 무장시키는 것이 가능해졌다. 그 결과 전장에 동원되는 병사들의 숫자가 과거에 비해 10배 이상으로 늘어났다. 전국시대에 중원의 왕국들은 작으면 수만에서 많게는 십만 이상의 병사들을 전쟁터에 보냈다.

기원전 1천 년경 갠지스강 상류 지역으로 진출한 아리아인 사회는 전사귀족인 크샤트리아 계급에 의해 지배되었다. 이들은 비슷한 시대의 주나라의 귀족들처럼 전차를 타고 싸웠다. 당시에 써진 베다경전에는 보병에 대한 전차병의 우위를 표현하는 구절을 곳곳에서 발견할 수 있다. 예컨대 전차에 올라탄 불의 신 아그니는 걸어 다니며 싸우는 자들을 정복했다.[1)]

수백 년 후 보다 비옥한 갠지스강 중하류 지방에서 성장한 마우리아 왕조의 찬드라굽타는 기원전 303년 알렉산더의 후계자 중 한 명인 셀레우코스 1세의 군대에 승리를 거두고 오늘날의 인도 북서부와 파키스탄, 아프가니스탄, 이란 동부에 이르는 영토를 넘겨받았다. 마우리아에 사신으로 파견된 그리스인 메가스테네스에 의하면 찬드라 굽타는 60만 명의 보병과 3만 명의 기병, 8천-9천 마리의 전투코끼리로 이루어진 군대를 가지고 있었다고 한다. 과거 전장에서 주도적인 역할을 했던 전차는 그의 기록에서 언급되지 않았다.[2)] 이 숫자 역시 어느 정도 과장을 포함하고 있을 수 있지만 알렉산더가 인도원정 중에 마주친 지방 소국의 왕인 포루스가 3만이 넘는 군대로 대항한 것을 고려하면 대제국의 황제였던 찬드라굽타는 휘하에 수십만의 병사를 거느리고 있었음을 짐작할 수 있다.

귀족 전사는 농민들에게 기생하며 군림하는 이들의 계급적 특성상 그 수가 적었다. 서기 981년 독일 제국에는 다 합해봐야 5천에서 6천 명 정도의 기사가 있었고 1200년경의 일본에는 비슷한 숫자의 사무라이가 있었다.[3] 수만 명 이상이 맞붙어 싸우는 대규모화된 전장에서 소수의 귀족 전사의 역할은 제한적일 수밖에 없었다.

반면 평민 병사는 일반 대중이라는 거대한 인적 자원을 가지고 있었다. 이들은 주로 적은 비용으로 무장할 수 있는 보병으로 싸웠다. 장평에서 희생된 조나라 병사들은 대다수가 보병이었고, 마우리아 군대의 주축도 엄청난 숫자의 보병이었다.

양질의 무장을 갖추고 잘 훈련받은 평민 병사는 귀족적 군대를 상대로 대등함 이상의 싸움을 할 수 있었다. 오만한 귀족들은 전장에서도 제멋대로 행동하려는 경향이 강했다. 중세 유럽의 전쟁사를 보면 귀족 기사들이 지휘관의 명령을 따르지 않아 전투를 패배로 이끄는 장면들을 어렵지 않게 찾을 수 있다. 이러한 반항적인 군대를 가지고 정교한 전술을 펼치는 건 아주 어려운 일이었다. 돌격해서 상대 진형을 흐트러뜨리는 것이 기사 군대가 사용할 수 있는 거의 유일한 전술이었다. 이들이 지배하던 시대에 전투는 귀족 전사들이 서로를 향해 돌격하여 싸움을 벌이는 단순한 결투의 성격이 강했다. 반면 평민 병사는 귀족들보다 상관의 명령을 잘 따랐다. 비록 이들은 개인적인 전투능력은 떨어져도 다양한 병과를 이루어 효율적인 전술을 운용하기에 용이했다.

백년전쟁 동안 영국군의 보병중심 군대가 그들보다 규모가 큰

스페인의 테르시오.

프랑스의 기사중심 군대를 상대로 연속적인 승리를 거둘 수 있었던 것은 이러한 평민 군대의 이점이 작용한 결과였다. 프랑스의 기사들은 자신들에게 불리한 지형에서도 무모하게 돌격을 고집하다가 진형을 잘 갖춘 궁수와 보병에게 거듭 참패를 당했다.

귀족 전사들은 전장을 주도하던 위치에서 밀려났고 그 자리는 대규모의 평민 보병에게 돌아갔다. 유럽에서 이러한 전환이 가장 앞서서 일어났던 곳은 남쪽에 위치해 상대적으로 농업생산력의 발전이 빨랐던 스페인이었다. 테르시오라는 밀집보병 전술을 사용한 스페인 군은 1503년 체리뇰라 전투에서 프랑스 군을 격파한 이후 수십만의 압도적인 병력규모를 바탕으로 140년 동안 군사적 패권을 유지했다.

대규모화된 전투에서 귀족기사들은 구시대의 유물로 전락했다. 세르반테스의 <돈키호테>는 기사의 영광이 이야기 속에서나 찾아볼 수 있는 환상으로 전락한 당시의 상황을 반영하고 있다.

상인이 재상의 자리에 오르는 시대

어느 작고 가난한 시골마을이 있었다. 이 마을에는 매년 한 무리의 산적들이 찾아와 보호비를 강탈해 갔다. 그럼에도 마을 사람들은 열심히 일해서 소출을 늘렸고 마을 주변의 숲 지대를 개간해 경작지도 확장해 나갔다. 마을 사람들은 더 부유해졌고 인구도 몇 배로 늘어났다. 그러던 어느 날 산적들이 다시 마을에 나타났다. 하지만 예전과는 상황이 달랐다. 이들은 예전보다 훨씬 수가 많아진 마을 사람들에 둘러싸였다. 이들 중 유복한 주민들은 무기를 마련하여 들고 있었다. 산적들은 빈손으로 도망치듯 마을을 빠져나올 수밖에 없었다.

농업생산력이 발전함에 따라 숫자가 많아지고 부유해진 생산자들을 소수의 무장한 귀족들이 통제하기는 점차 어려워졌다. 전장에서 나타난 변화는 이러한 사회상이 직접적인 무력충돌의 무대에 반영된 결과물이었다.

귀족 전사들이 가졌던 군사력의 우위가 약화되자 그것으로부터 비롯되었던 사적인 권력은 무너져 내렸고 농민들은 인신적인 예속의 족쇄에서 벗어날 수 있었다. 귀족들이 농민들에게 갖는 사적인 지배력이 벗겨져 나가자 양자 사이에는 경제적인 관계만이 남게 되었다. 귀족들은 이제 그들 영토의 지배자가 아니라 단순한 지주였다. 귀족들은 농민들에게 소작을 주거나 농업노동자로 고용하는 등 경제적인 계약관계를 통해서만 잉여를 얻을 수 있게 되었다.

모든 농민들이 이러한 변화에서 혜택을 본 것은 아니었다. 때로는 소작관계가 봉건적 관계보다 더욱 농민들에게 불리하게 맺어졌다. 과거 농민들이 영주에게 예속되어 있을 때 영주는 수하의 농민들을 보살필 의무를 가지고 있었다. 작황이 안 좋을 때에는 영주가 농민들에게 그 해를 넘길 식량을 제공해 주었다. 영주에 대한 예속관계가 사라지자 농민들은 농업경영에 실패하면 그 책임을 홀로 짊어져야 했다. 들판의 곡식이 아직 여물지 않았는데 곳간이 비었다면 식구들을 먹이기 위해 유일한 재산인 토지를 파는 수밖에 없었다.

일부 농민들이 농사일로 재산을 모아 지주계층으로 올라선 반면 많은 농민들이 대대로 경작해오던 토지마저 잃어버렸다. 그러나 전체적으로 봤을 때 농업생산력이 증가하는 가운데 지방분권적 무력집단의 지배력이 약해지자 농민들은 과거보다 더 많은 잉여를 그들의 손에 남길 수 있게 되었다.

농민들의 수중에 남은 잉여는 그들이 원하는 상품들을 구매하는 데 사용되어 시장으로 흘러들어갔다. 그 결과 상공업의 급격한 성장이 나타났다. 교역의 무대가 되는 도시와 교역의 매개물인 화폐의 등장은 이 시대에 일어난 시장의 성장을 잘 나타내주는 현상이었다.

인도에서는 인더스 문명의 도시국가들이 몰락한 이후 1천 년 넘게 자취를 감추었던 도시가 기원전 6세기 무렵 갠지스강 중하류 지역에 다시 등장했다. 도시에는 피혁, 금속, 향수, 보석, 직물, 목공, 도기 등 다양한 산업이 자리를 잡고 번창했다. 각 산업군은 특정지역에 밀집하여 무리를 이루고 있었는데, 밧지연맹의 수도 바이샬리에는 삿달라뿟따라는 부유한 도공 소유의 토기 가게만 5백 개가 늘어서 있었다고 한다.[4] 화폐도 기원전 6세기 무렵 처음으로 인도에서 사용되기 시작했다.

주나라 시대 초기에 성읍은 귀족들의 군사적 거점의 성격을 가지고 있었다. 귀족들은 요새화된 성읍에서 군대를 거느리고 주변지역을 지배했다. 춘추시대를 지나면서 과거의 군사요새 주변으로 상공업 구역이 들어서기 시작했다. 전국시대에 이르면 각국의 도시에는 상점과 작업장이 즐비하게 들어섰고 각종 물건을 사고파는 사람들로 붐볐다. 당대에 상업과 공업의 중심지이자 최대의 도시였던 제나라의 임치에는 약 35만 명이 거주하고 있었다.[5] 교역이 늘면서 거래의 편의성을 높이는 화폐가 나타났다. 각 국가의 중앙정부뿐 아니라 상당한 자치권을 누렸던 것으로 보이는 상업도시들도 자체적으로 화폐를 발행했다.

중세 말 서유럽에서도 영주의 성 주변에서 도시가 자라나기 시작했다. 로마제국의 멸망 이후 수백 년 만에 다시 등장한 중세의 도시는 고대의 도시와 그 성격이 달랐다. 군인과 관료들이 모여 주변의 농촌지역을 지배하는 행정중심지로 작용했던 로마시대의 도시와 달리 중세의 도시는 상공업자들이 모인 경제활동의 중심지로서 형성되었다. 또한 중세 말에 상업이 발달하면서 화폐가 일반적으로 사용되게 되었고 사람들의 일상생활에 깊숙하게 침투했다.

생산활동이 활발해지면서 그것을 통해 부를 모은 사람들이 나타났다. 붓다시대에 생산자 계급인 바이샤 중 거부를 축적한 자들을 가하빠띠라고 불렀다. 상공업이나 대부업, 농업을 통해 쌓은 이들의 부는 브라만과 크샤트리아를 능가할 정도였기 때문에 사람들은 다음 생애에 가하빠띠로 태어나기를 기원했다. 가하빠띠 중 최상층부에 있는 자들은 쎄띠라는 호칭을 썼는데 이들은 정치적으로도 상당한 영향력을 행사했다. 한 쎄띠의 딸은 먼 훗날 이탈리아의 메디치 가문의 여자들이 그랬던 것처럼 왕과 결혼했다. 또 다른 쎄띠의 아들은 최고위층 귀족의 자제들처럼 어려서부터 왕자와 어울렸다.[6]

사마천의 <사기>에는 춘추전국시대에 사업을 경영해 왕과 제후에 버금가는 재산을 모은 인물들이 여럿 등장한다. 중국 역사에서 상인들이 이 정도의 사회적 위치에 오른 시기는 그 이전에도 그 이후에도 없었다. 상공업과 농업을 통해 재산을 모은 평민들은 관직을 매수해 지배계급으로 편입되었다.[7]

가장 대범한 관직 매수는 여불위에 의해 이루어졌다. 장사를 통해 천금을 모은 그는 그의 재력을 이용해 자초가 진(秦)나라의 왕위를 물려받도록 만들었고, 그 공으로 재상의 자리에 올랐다.

서유럽에서 근대 초기에 이르면 경제활동을 통해 재산을 쌓은 자들이 사회를 움직이는 강력한 세력을 형성했다. 보통 부르주아라고 뭉뚱그려져 일컬어지지만 이들의 성격은 지역에 따라 큰 차이를 보였다. 프랑스에서 이들은 인도와 중국의 경우처럼 평민 출신이었지만 영국에서 이들은 귀족이었다. 이에 대해서는 영국과 프랑스의 역사를 다룬 9장과 10장에서 보다 자세하게 설명할 것이다.

지방분권적 무력집단이 지배하던 과거의 질서가 흔들리면서 새로운 시대의 청사진을 그리는 다양한 사상들이 만개했다.

인도에서는 브라만교의 가르침을 거부한 수많은 구도자들이 깨달음을 얻기 위해 숲으로 들어갔다. 불교를 창시한 붓다는 이들 중 한 명이었다.

중국에서는 제자백가라고 불릴 정도로 수많은 학자와 학파가 자신들의 사상을 설파했다. 유교와 도교 등 이후 중국인의 정신세계를 지배한 사상들이 이 시대에 탄생했다.

유럽에서는 신 중심이었던 중세의 엄격한 기독교적 사고방식에서 벗어나 인간을 학문과 예술의 중심에 놓으려는 움직임이 널리 퍼졌다. 기독교 내에서도 개혁에 대한 요구와 기존의 권위에 대한 도전이 거세게 일어나 새로운 종파들이 분리되어 나타났다.

필자가 이 사회단계의 인도와 중국과 서유럽의 모습을 이처럼 차례대로 열거한 것은 당시 이 세 지역이 가진 유사성을 강조하기 위해서였다. 전사귀족이 지배하는 지방분권적 사회질서가 무너진 이후 이 세 지역에 나타난 변화상을 보면 같은 방향으로 나

붓다와 공자는 지방분권적 무력집단이 지배하던 구질서가 해체되면서 새로운 사상이 요구되던 사회 분위기 속에서 등장했다.

아가고 있었던 것처럼 보인다. 역사학자 에버하르트에 의하면 "만약 그 후 역사의 진행과정을 모르는 사람들이 당시의 중국을 관찰한다면 명백한 변화의 흐름에 따라 자본주의 사회로의 발전을 예상할 수도 있을 것이다."[8)]

그러나 이후 중국에는 시장경제 대신 전제적인 황제들이 나타났고 이들이 20세기 초까지 중국을 지배했다. 그 원인은 이 시대에 새로운 형태의 무력집단이 성장해 나왔기 때문이었다.

전제군주

그리스인 사신 메가스테네스는 마우리야 제국의 황제 찬드라굽타의 병사들이 전쟁이 없는 동안에는 하는 일 없이 빈둥대거나 술을 마시며 시간을 보냈다고 기록했다. 이들이 유유자적할 수 있었던 것은 왕으로부터 지급되는 급료로 먹고살 수 있었기 때문이었다. 왕은 또한 이들을 무장시키고 보급물자를 제공했으며, 전쟁터에는 부상병을 치료할 의사와 간호사도 파견해주었다.[9]

마우리야의 군대는 왕실에 의해 유지되고 관리되는 상비군이었다. 상비군은 말뜻 그대로 상시적으로 준비되어 있는 군대로서 필요시에 소집되는 민병대나, 봉건적 귀족군대와 대비된다. 오늘날의 현역병과 예비군, 민방위의 차이점과 비슷하다고 보면 된다.

상비군이 필요한 이유는 외국과의 전쟁에 대비하기 위해서이다. 상비군은 유사시에 즉각적인 대응이 가능하고 또한 평상시에 주기적으로 훈련을 받아 전투력이 우월하다. 이 때문에 대한민국은 수백만의 예비군과 민방위를 두고도 수십만의 젊은이들을 병영 안에 잡아두고 있는 것이다.

지방의 전사귀족들이 군사적으로 무력해진 이후 국토를 방어하는 역할은 중앙권력에 의해 무장된 평민 군대에게 돌아갔다. 전국적인 수준에서 국가의 인력과 자원을 끌어낼 수 있는 중앙권력만이 새로운 시대가 요구하는 대규모의 평민 군대를 동원할 수 있었다. 적군이 침입했을 때 임시로 평민들을 소집해 무장시킬 수도 있었지만 농사짓다가 끌려온 급조된 병사들이 병기를 잘 다룰 리 없었고, 군대의 핵심 역할을 할 정예병력이 필요했다. 또한 국경지역은 평화 시에도 군대를 주둔시켜 방어해야 했다. 따라서 중앙정부는 평화시에도 상당한 규모의 상비군을 유지했다.

신민들은 외국의 군대에게 짓밟히는 참사를 피하기 위해 국왕에게 강력한 군대를 쥐어줬다. 외부로부터의 군사적 위협의 수준이 강할수록 상비군에 대한 필요성도 더 커졌다. 1백만이 넘는 인민군과 국경을 맞대고 있지 않았다면 대한민국이라는 크지 않은 나라가 세계 7위 규모의 병력을 보유할 필요가 없었을 것이다.

왕의 통제 하에 있고 항시적으로 유지되는 군대를 얻은 중앙권력은 그것을 적군과 싸우는 데뿐만 아니라 내부의 불만을 억누르는 데도 사용할 수 있었다. 강력한 군사력을 손에 넣은 중앙 무력집단은 반항적인 귀족들을 제압하고 지배력을 넓혀나갔다. 그렇다고 귀족들이 단순한 희생양이 된 것은 아니었다. 군사적으로 무력해져 생산자들에 대한 지배력을 상실한 귀족들은 중앙권력에 의해 만들어진 관직을 차지함으로써 다시금 권력을 행사할 수 있게 되었다. 다만 과거와 같이 귀족들이 권력을 사적인 세습재산으로 소유하지는 못했다. 관직을 잃으면 그에 따르는 권력도 사라졌다.

시장과 중앙권력은 농업생산력의 발달에 의해 증가한 농업잉여를 흡수하며 동시에 성장했다. 당시 인도와 중국 사회를 보면 한편에서 상인들이 거부를 모으는 동안 다른 한편에선 거대한 제

진사황릉의 병마용. 진시황이 휘두른 무소불위의 권력은 그의 군대로부터 나왔다.

국이 잉태되고 있었다.

인도에서 불교는 자신들을 하층 카스트로 취급하는 브라만교에 반발한 부유한 상인들의 후원에 힘입어 브라만교를 위협할 정도로 교세를 넓혔다. 역시 불교를 후원했던 아소카는 인도역사상 가장 광대한 제국을 다스렸다.

여불위는 상업을 통해 모은 막대한 재산을 이용해 재상의 자리에 올랐다. 그의 아들로 의심받은 진시황은 천하를 통일했고 그것을 무소불위의 권력으로 다스렸다.

유럽에서도 상공업이 발달한 근대 초기는 절대왕정의 시대였다.

이 시기는 지방분권적 무력집단의 지배에서 중앙집권적 무력집단의 지배로 넘어가는 과도기적 단계였다. 지방 귀족들의 권력이 약화된 상태에서 아직 중앙 무력집단도 충분히 성장하지 못하자 일시적으로 무력집단 지배력의 공백기가 생겨났다. 그 결과 무력집단으로부터 자유로워진 잉여가 시장에 공급되면서 경제적으로나 문화적으로나 활기가 넘치는 시대가 나타났다.

그러나 일단 중앙집권적 무력집단이 강력한 형태를 갖추고 나면 시장과 무력집단의 부자연스러운 동거는 더 이상 이어질 수 없었다. 중앙집권적 무력집단의 집중된 힘은 분산적인 지방분권적 무력집단보다 훨씬 강한 중압감으로 사회와 시장을 짓누르기 시작했다.

중앙집권적 무력집단

중앙집권적 무력집단

문인사회

무력집단의 중앙집권화가 진행될수록 지배계급이 문인화되는 현상이 나타났다. 군대가 미천한 평민들로 채워지자 군인이 되는 것은 더 이상 고귀한 귀족들에게 적합하지 않은 일이 되었다. 그 대신 귀족들은 거대한 군대와 그 군대에 의해 뒷받침되는 관료조직을 관리하는 문인관료로 탈바꿈했다.

지배계급이 문인화되었다고 해서 무력집단이 생산자들을 지배하는 근본적인 수단이 바뀐 것은 아니었다. 관료들은 그 수하에 그들을 대신해 폭력을 행사할 병사들을 거느리고 있었다. 과거 귀족들이 무기를 들고 직접적 무력을 행사했다면 이제는 국가의 군사조직을 통제함으로써 무력을 행사하게 된 것이다.

지배계급의 문인화가 가장 먼저 나타난 곳은 고대 이집트였다. 이 지역은 기원전 제3천년기 초부터 상형문자를 익힌 관료계급인 서기의 지배를 받았다. 이집트에서 가장 먼저 중앙집권적인 무력집단이 지배하는 사회가 나타난 이유는 농경에 극히 유리한 환경 덕분에 농업생산력의 발전이 아주 빨랐기 때문이었다. 유럽과 아프리카와 아시아의 광범위한 지역을 여행한 고대 그리스의 사가 헤로도토스는 이집트가 가장 경작하기 쉬운 땅이라고 기록했다. 이는 매년 때맞춰 범람하는 나일강 덕분이었다.

위성사진을 통해 본 이집트는 극명하게 두 가지 풍경으로 갈라진다. 국토의 대부분을 차지하는 광활한 공간은 연갈색의 사막으로 덮여 있다. 그리고 그 사이를 가로지르는 초록빛의 선이 있다. 경작지와 거주지가 빈틈없이 들어선 이곳은 텅 비어 있는 듯한 주변 지역과는 완전히 다른 세상이다. 이곳은 나일강에 의해 만들어진 세상이다. 적도 지방에서부터 먼 길을 내려온 이 물줄기는 불모의 땅 위에 세계에서 가장 농경에 유리한 환경을 만들어 냈고 최초의 문명 중 하나를 키워 냈다.

나일강의 범람은 추수가 끝난 이후인 8월에 시작되어 파종이 이루어질 시기인 11월 무렵에는 빠져나갔다. 범람과 함께 상류지역에서 실려 온 퇴적물은 토지에 양분을 제공해 토지를 아주 비옥하게 만들어 주었다. 수개월 동안 물에 잠겨 있는 동안 땅은 쟁기질을 할 필요가 없을 만큼 아주 부드러워졌고, 물을 듬뿍 머금어 이후 따로 물을 대주지 않아도 작물을 기를 수 있었다.[1] 실로 나일강의 축복이라 부를 만했다.

기원전 3100년경 아비도스에 기반을 둔 세력에 의해 나일강변에 존재하던 여러 소국들이 하나로 통일되었다. 이집트에서는 최초의 통일왕조부터 중앙집권적 성격이 강했고 지배계급은 이미 상당 수준 문인화가 진행되어 있었다. 읽고 쓰는 능력은 지배계급과 피지배계급을 가르는 기준이었다. 행정조직에 들어가기 위해서는 반드시 문자를 다룰 줄 알아야 했다.[2] 그러나 이후 약 400년 동안의 초기왕조 시대에는 아직 지방이 어느 정도의 독자성을 유지하고 있었던 것으로 보인다.[3]

기원전 2700년경에 시작되는 고왕국 시대에 이르면 이집트의 농민들은 완연한 형태를 갖춘 중앙집권적 무력집단의 지배를 받고 있었다. 이 사회의 지배계급은 식자계층인 서기였다. 이들은 국가의 권력기구인 행정조직, 군대, 사원을 통제함으로써 생산자들을 지배했다. 서기들은 사회의 모든 분야에서 일반 대중들을 관리・감독하고 부리는 역할을 했다. 행정조직에서는 관료였고 사원에서는 사제였다. 또한 군대에서는 장교로서 병사들을 지휘했다.[4] 병사들은 징집된 평민들과 외국인 용병들로 구성되었다.

문인화된 귀족들은 그들의 지배를 정당화시키기 위해 뭔가 하나씩 신성하다고 여겨지는 학문을 익혔다. 이들은 자신들이 신성한 지식의 소유자로서 무지몽매한 대중을 지배할 자격이 있다고 선전했다. 신성하다는 수식어는 이들의 학문이 종교와 연관되어 있었음을 말해준다. 이들의 비합리적인 지배를 합리화시키기 위해서는 비합리적인 종교에서 그 권위의 근원을 찾아야 했다. 그래서 이들의 학문은 종교이거나 혹은 종교적 성격을 강하게 띠

고대 이집트의 필기도구. 문자를 다루는 능력은 지배계급의 징표였다.

었다.

이집트의 서기들은 신으로부터 전수받았다고 여겨지는 문자를 익힘으로써 문맹인 피지배계급과 자신들을 구분시켰다. 서기들이 만들어낸 교리에서 이들이 지배계급으로 군림하는 현 질서는 태초부터 신에 의해 부여된 것이었다. 호루스의 현신이자 라의 아들로서 신적인 존재인 파라오는 관료와 사제의 보좌를 받아 끊임없이 지상세계를 위협하는 무질서로부터 신에 의해 정해진 현재의 이상적인 사회질서를 보호하고 유지하는 책무를 맡고 있었다. 현 질서를 어지럽히는 것은 곧 악과 동일시되었다. 이들의 지배적 위치는 신에 의해 정해진 것이므로 피지배계급은 군소리 말고 따라야 한다는 뜻이었다. 이러한 사상은 피지배계급을 현재

의 불평등한 사회구조에 순응케 하여 지배계급의 이익에 봉사했다.[5)]

인도의 브라만들이 익힌 학문은 종교였다. 브라만들은 그들을 사회의 최상층에 위치시킨 카스트가 전생의 업에서 비롯되었다는 교리로 자신들의 지위를 정당화시켰다. 자신들은 전생에서 선하게 살아 이생에서 호강을 누리고 하층민들은 전생의 죄 때문에 천한 삶을 산다는 것이었다. 좋은 업을 쌓아 다음 생에서 더 나은 삶을 살기 위해서는 현재의 생에서 자신의 카스트에 주어진 직분에 충실해야 했다. 달리 말하면 하층 카스트는 억압적인 계급질서에 순종하고 상층 카스트를 섬겨야 했다.

조선의 양반들이 익힌 유교는 철학사상이었지만 하늘과 고대의 성인을 숭배하고 이들로부터 권위를 끌어온다는 점에서 종교적 성격을 강하게 띠었다. 하늘과 성인, 조상에 대한 유교의 체계적이고 형식화된 제례는 다른 종교의 종교의식과 크게 다르지 않았다.[6)] 유교의 정명론은 카스트제도와 같이 자신의 신분에서 벗어나지 말고 그에 맞는 삶을 살라고 가르쳤다. 반상의 법도가 엄연하니 상놈은 상놈답게 양반을 상전으로 모시고 살아야 한다는 소리였다. 유교가 강조하는 충효는 윗사람에 대한 맹목적인 복종을 가장 큰 덕목으로 삼았는데, 이 또한 불합리한 계급사회를 뒷받침하는 역할을 했다.

이러한 종교적 학문들을 익히기 위해서는 어려서부터 장기간에 걸친 교육을 받아야 했는데, 오직 생업으로부터 자유롭고 경제적으로 여유가 있는 지배계급만이 그러한 사치를 감당할 수 있었다. 높은 진입장벽은 신분이 낮은 사람들이 지배계급의 징표 역할을 하는 학문에 접근하는 것을 막음으로써 학문에 대한 이들의 독점을 방어해 주었다.

이집트의 상형문자는 비슷한 시기에 등장한 수메르의 쐐기문자가 보다 익히기 쉬운 표음문자로 진화하는 동안에도 본래의 난해한 형태를 유지했다. 서기들은 문자가 배우기 쉬워져 문자에 대한 그들의 독점이 위협받는 것을 원하지 않았다. 한글을 천대한 조선시대 양반들도 이와 같은 생각을 가지고 있었다.

무기력한 사회

문인화된 무력집단의 종교적 학문은 피지배계급을 세뇌시키는 데는 상당한 성과를 거두었지만 이민족의 군대를 막는 데는 별로 쓸모가 없었다. 이집트의 서기들은 갈대펜과 파피루스는 능숙하게 다루었지만 적군을 막으려면 다른 종류의 도구를 다룰 줄 알아야 했다.

하층민들로 구성된 군대는 사회적으로 천대를 받았다. 병사들은 강제로 징집되거나 세금으로 고용되었는데, 위험한데다 대우도 좋지 않아서 기피의 대상이었다. 문인들에 의해 운영되는 정부는 군대에 돈을 쓰는 데 인색하여 병사들의 무장과 보급이 잘 이루어지지 않는 경우가 많았다. 그들을 천대하는 국가를 위해 싸워야 하는 병사들은 사기가 아주 낮았다. 장교들에 대한 대우도 좋지 않았는데, 군의 고위직은 문관들에게 돌아갔고 무인들은 이들보다 낮은 지위에서 명령을 받는 위치에 만족해야 했다. 고대 이집트에서 군의 통솔자는 서기 출신이었다. 이순신 장군도 문관인 권율의 지휘를 받았다. "좋은 철로는 못을 만들지 않고, 좋은 사내는 군대에 보내지 않는다."는 중국의 속담은 문인이 지배하는 사회에서 차별받는 무인의 위치를 말해준다.

사회적으로 천대받아 사기와 무장과 훈련수준이 모두 낮은 군대가 전장에서 용맹성을 발휘하리라 기대하기는 어려운 일이었다. 지배계급이 군사적으로 무력해진 데다가 평민 군대 또한 약체화되자 국가가 스스로를 방어할 능력이 아주 낮은 수준으로 떨어졌다. 그리하여 농업생산력이 높아 인구가 많고 부유하지만 군사적으로는 허약한 중앙집권적 사회단계의 국가들은 농업생산력이 낮아 인구가 적고 가난하지만 무력집단의 발전이 지체되어 군사적으로는 강력한 민족들의 탐스러운 먹잇감으로 전락했다.

부유한 농경지역을 정복한 가난한 민족들은 원주민들을 지배하는 군사귀족층을 형성했다. 원주민 문인관료들은 이민족 군주들의 지배에 협력하고 행정업무를 맡아주는 대가로 지배계급으로서의 특권을 어느 정도 유지했다. 최초의 정복자들로부터 몇 세대 정도 지나고 나면 정복자들의 후손들도 부유한 농경사회의 생활방식에 젖어들어 문인화되는 과정이 진행됐다. 아마도 목숨이 오가는 전쟁터에서 고생하는 것보다는 안락한 정원에 앉아 시나 읊는 것이 더 선호되는 삶의 방식이었던 것 같다. 정복자들의 문인화된 후손들은 군사적으로 무력해졌고 그 결과 다른 가난하지만 호전적인 민족에게 정복당했다. 이 새로운 정복자들 역시 길어야 수백 년 안에 문인화되어 또 다른 민족에게 정복당했다.

수메르 지역에서는 이 과정이 무려 4천 동안이나 반복해서 일어났다. 우르 제3왕조(기원전 2112-2004)는 사실상 이 지역에서 일어난 마지막 원주민 통일왕조였다.

우르 제3왕조를 무너뜨린 아모리인은 시리아 지역에 거주하던 유목민족이었다. 수메르인들은 이들이 가죽옷을 걸치고 날것을 먹는 등 야만스럽지만 훌륭한 병사를 낸다고 기록했다. 농업 생산력이 높은 메소포타미아를 정복하면서 아모리인들은 점차 그들을 사나운 전사로 만들어 주었던 부족적 사회구조와 유목적 생활방식에서 멀어지게 되었다. 이들은 원주민들을 지배하는 귀족계급을 형성했다. 귀족들은 전투에서 적들과 직접 맞서 싸우는 존재가 아니라 하층민으로 구성된 군대를 통제하는 장교의 역할을 했다.[7] 전장에서 직접 전투를 치르는 병사들은 평민들로부터 징집되거나 용병들을 고용하여 충원했다. 평민 병사들은 정교한 관료조직에 의해 관리되었다.[8]

탈군사화에 의해 아모리인들은 그들의 지배를 방어해 낼 능력을 상실했다. 기원전 18세기부터 아모리인 왕조들은 사방으로부터 가해져 오는 이민족들의 압박에 밀려 그 영토가 쪼그라들었다.

이처럼 이민족의 지배력이 약화되면 원주민들이 지역적인 수준에서 독립세력을 형성하기도 했다. 아모리인 세력의 약화를 틈타 메소포타미아 최남단의 척박한 늪지대에서 수메르어 왕명을 사용한 해안 왕조가 일어났다. 히타이트의 바빌론 약탈에 의해

함무라비 법전의 일부. 함무라비는 아모리인 출신이었다.

마지막 아모리인 왕조였던 바빌론 왕조가 멸망한 이후 해안 왕조는 잠시 동안이지만 바빌론까지 지배했던 것으로 보인다.

하지만 수메르인의 영광을 재현하려던 시도는 또 다른 유목민족 카시트인의 침입에 의해 헛되이 끝나 버렸다. 카시트인 이후로도 수많은 민족들이 이곳에서 흥망성쇠를 거듭했다. 이 지역을 지배했던 이민족들을 나열해 보면 구티인, 아모리인, 카시트인, 아시리아인, 칼데아인, 메디아인, 페르시아인, 그리스인, 파르니인, 로마인, 아랍인, 몽골인, 투르크인이다.

광대한 사막이라는 자연적 방어물을 가지고 있고 인구가 더 많았던 이집트는 더 오랫동안 독립을 유지할 수 있었다. 전차가 오리엔트 지역의 전장을 지배했던 기원전 16세기부터 약 4백 년 동안은 값비싼 전차를 더 많이 동원할 수 있는 경제적인 우위 덕분에 최초이자 마지막으로 제국을 건설하기도 했다. 하지만 이후 남쪽 산악지대의 쿠쉬인과 서쪽 사막지역의 리비아인, 그리고 아시리아인의 지배를 받게 되었고, 기원전 343년 페르시아 제국에 재정복당한 이후에는 20세기 이르러서야 원주민 정권이 다시 나타났다.

문인관료들의 직장인 비대한 관료조직은 농민들이 낸 세금으로 운영되었다. 관리들은 그들의 권력을 남용해 농민들을 착취했고 국가재정을 전용했다. 또한 지주계급인 이들은 국가의 제도를 지주의 이익을 옹호하고 농민의 이익에는 반하는 방향으로 움직였다.

농민들이 토지를 경작하고 얻는 보상은 아주 낮았고 이익의 대부분은 지주에게 돌아갔다. 사회경제적 불평등에 대한 불만은 문인지주계급이 통제하는 국가의 폭력에 의해 억눌려졌다. 국가와 문인지주들에게 뜯기고 나면 농민들에게는 시장에서 소비할 만한 잉여가 거의 남지 않았다.

기본적으로 생산되는 잉여식량의 양이 많았기 때문에 상공업이 일정 수준으로 유지되기는 했다. 지배계급이 소비하는 사치품이나 직물, 철, 소금과 같은 생활필수품을 생산하고 유통하는 산업은 상당한 수준으로 발전하였다. 그러나 이 시대에 농민이 생산한 잉여의 대부분은 국가조직과 지주계급에게 세금과 지대의 형태로 돌아갔고 시장에 돌아간 몫은 거기서 남은 부스러기 정도였다.

이러한 사회에서 부를 얻는 가장 확실한 통로는 농업과 공업, 상업 등 생산적인 활동에 참여하는 것이 아니라 짭짤한 수입을 주는 관직을 차지하는 것이었다. 그래서 농민들이 생산한 자원의 대부분을 차지한 지주계급은 그 자원을 농업이나 다른 경제활동에 투자하는 대신 관직에 진출하는 데 필요한 지식을 익히는 데 매달려 그것을 소비했다.

조선시대에 문과 합격자의 평균연령은 39, 40세였는데, 5세부터 공부를 시작했다고 치면 무려 35년을 과거공부에 투자한 셈이었다.[9] 실생활에는 아무 도움도 안 되는 시험 준비에 엄청난 자원과 에너지가 낭비된 것이다. 과학이나 의학과 같이 실생활에 쓸모가 있지만 문인관료계층의 정통학문에 포함되지 않는 학문은 잡학으로 취급되어 외면받았다.

관직을 얻는 데 정신이 팔린 지배계급은 생산활동에 관심이 없었고, 무거운 착취에 시달린 대다수의 생산자들은 농업이나 상공업에 투자할 여력이 없었다. 게다가 일부 존재한 부유한 생산자들도 지배계급의 비생산적인 생활방식에 이끌려 거기에 흡수되어버렸다. 생산자계층 중에서 부를 쌓은 자들도 일단 충분히 재산을 모으면 그들의 천한 직업은 버리고 가장 바람직한 생활수단이라 여겨지는 관직과 지주의 대열에 편입되기 위해 토지를 사 모으고 벼슬을 얻을 궁리를 했다.

이렇듯 농업이 만들어낸 부는 생산적인 부분에 재투자되지 못하고 비생산적인 방향으로 낭비되었다. 이러한 사회에서 발전이 일어나리라 기대하는 것은 힘든 일이었다.

지방분권적 사회의 무인 지배계급은 그들의 수입만 보장된다면 사회를 관리하고 통제하는 데 별로 관심이 없었다. 반면 관리하는 것이 직업인 문인관료들은 사회를 자신들의 잣대에 맞게 통제하려 하였다. 자신들이 지배하는 현재의 사회질서를 유지시키는 것이 주목적인 이들의 학문은 변화에 대해 아주 적대적이었다. 그래서 이들이 지배하는 사회에서는 변화와 발전이 극히 더디게 일어났다.

이러한 변화에 대한 저항의 전형적인 예를 서기와 사제들에 의해 통제되었던 고대 이집트에서 찾아볼 수 있다. 기원전 3100년경에 만들어진 나르메르 석판에는 이집트를 최초로 통일한 것으로 추정되는 나르메르가 한 손으로는 적의 머리채를 잡고 다른 한 손으로는 전곤을 치켜든 채 적을 내려치려는 자세를 취하고 있는 장면이 새겨져 있다. 이후 이 장면은 왕권의 상징으로 정형화되어 후대의 파라오들에 의해 사용되었는데, 나르메르의 시대로부터 약 3천 년 후에 이집트를 정복한 그리스 출신의 왕조도 자신들을 동일한 형상으로 묘사했다.

중앙집권적 무력집단의 지배가 성립된 지역들은 긴 정체의 터널 속으로 들어갔다. 나일강 유역은 오랜 시간 동안 세계에서 가장 부유한 지역이었지만 기술의 발전에 있어서는 주변부적인 위치에 머물렀다. 수메르 문명과 비교했을 때 이집트의 뒤처짐은

기원전 3100년경 제작된 나르메르 석판(좌)과 기원전 1세기에 이집트를 통치한 프톨레미 12세의 모습이 조각된 콤 오보 신전의 부조(우). 이집트의 파라오들은 3천년의 세월 동안 동일한 모습으로 묘사되었다.

금속을 다루는 기술에서 분명하게 드러난다.

수메르 지역에는 기원전 제4천년기에 청동제조술이 나타났고 기원전 제3천년기에 이르면 병사들이 일반적으로 청동무기로 무장하였다. 반면 이집트의 병사들은 기원전 제2천년기에 들어선 이후에도 여전히 주로 석제무기를 들고 싸웠다. 수메르인의 창의성도 중앙집권적인 관료조직의 통제를 받기 시작한 기원전 제3천년기 중반 이후 급속히 쇠락하여 이후 중요한 기술적 발견은 대부분 메소포타미아 문명의 영향을 받은 주변의 보다 가난한 지역에서 일어났다.

송나라 시대 이전까지 중국문명의 중심지였던 북부의 건조농업지대의 농업생산력은 전국시대에 철제농기구가 도입되고 한나라 시대(기원전 226-서기 220)에 무거운 쟁기가 보급돼 급증한 이후로는 거의 변화가 없었다. 한나라 시대에 이 지역의 평균적인 기장 생산량은 1헥타르당 약 720kg이었는데, 당나라 시대(618-907)에도 약 740kg으로 근소한 증가만이 있었다.[10] 이러한 수준의 생산력은 보다 남쪽에 위치해 있고 관개농업이 행해진 메소포타미아나 이집트, 인도의 갠지스 평원에 비해 낮은 것이었다.

상대적으로 낮은 수준에 머무른 농업생산력 때문에 중국에서는 전국시대에 중앙집권적인 정부형태가 등장했으나 중앙집권적 무력집단의 발전과정 막바지에 나타나는 문인관료 사회로의 전환은 그로부터 1천 년 이상 지난 당나라 시대까지 완료되지 않았다.

당나라 시대부터 논농사와 이모작이 가능해 생산력이 월등히 높은 남부가 개발되기 시작하면서 지배계급의 문인화가 심화되었다. 당나라 시대 초기에는 사회적으로 군사적인 능력이 중요시되었다. 관리들은 문과 무를 겸비하는 것이 이상적으로 여겨졌고, 문관과 무관 사이에 명확한 구분이 존재하지 않았다. 그러나 당나라 시대 중반에 이르면 문관과 무관이 서로 분리되어 개별적인 영역을 형성했고, 군사적 능력을 홀대하는 경향이 나타났다.

당나라 중기부터 중국을 온통 휩쓸었던 군사지도자들의 반란

당나라를 쇠퇴기로 들어서게 만든 반란을 일으킨 안록산. 당나라 중기부터 나타난 무인에 대한 천대는 여러 군사반란의 원인이 되었다.

은 이에 대한 반발이 그 주된 원인이었다.[11] 훗날 고려에서 무인들에 대한 차별이 무신정변을 불러온 것과 비슷한 현상이었다. 경제적 중심이 남부로 옮겨진 송나라 시대부터는 무에 대한 문의 우위가 확고해졌고 중국은 독서하는 자들이 지배하는 사회가 되었다.

송나라 전기의 경제적, 문화적 번영은 과도기적 단계에 나타난 현상과 비슷했다. 강남지방의 개발로 농업생산력이 급속하게 증가하면서 무력집단의 성장속도가 그것을 따라가지 못해 무력집단의 통제에서 자유로워진 잉여가 시장에 공급된 것이다. 북부에 기반을 둔 전통적 귀족가문들은 남부로의 정치경제적 무게중심의 이동과 오랜 전란의 와중에 사실상 완전히 쓸려나가 버렸고, 남부지방에서 자라나고 있던 지주계급은 아직 지역사회에 대한 장악력이 강하지 않았다.

농민들이 무거운 세금에 시달리던 북부와 달리 남부에서는 농민들에 대한 정부와 지주의 통제력이 약했다.[12] 하지만 좋은 시절은 오래 가지 못했다. 강남지방에 뿌리 내린 지주계급은 국가권력과 합세하여 농민들을 짓눌렀다. 농민들은 지주계급에 더해 100만이 넘는 규모로 비대해진 군대와 관료조직까지 먹여 살려야 했다.

송나라 후기로 가면 남부의 농민들이 이민족인 여진족의 지배하에 있는 북부로 대거 이동하는 현상이 나타났는데, 이는 송의 지배가 백성들이 살아가는 데 우호적이지 않았음을 보여준다.[13]

중국에서 상대적으로 낮은 농업생산력으로 인해 중앙집권적 무력집단의 발전이 지체되었던 현상과 송나라 시대에 일어난 강남지방의 급속한 경제성장은 창의성이 발휘되기에 우호적인 환경을 제공했던 것 같다.

춘추전국시대부터 송나라 시대까지 중국인들은 인류의 기술발전을 이끌었다. 중국의 4대 발명품으로 알려진 종이, 화약, 나침반, 인쇄술을 비롯하여 이 시기 동안 인류가 고안해낸 중요한 발명의 대부분이 중국에서 일어났다고 해도 과언이 아니다.

그러나 송나라 시대에 문인관료계급이 사회를 장악한 이후 중국인의 창의성은 극적으로 쇠퇴했다. 송나라 시대 이후 중국이 내세울 만한 발명품은 거의 아무것도 없다.

지배계급의 문인화는 또한 중국의 군사력을 약화시켰다. 송나라는 당나라보다 3배 이상 많은 100만이 넘는 대군을 보유했으나 주변 민족들에 대해 공격적인 자세를 취했던 당나라와 달리 수세적인 입장에서 벗어나지 못하다가 결국 몽골족에게 정복당했다. 송대 이전까지 중국인들은 이민족들에게 그들의 영토 중 일부를 내어준 적은 있었으나 완전히 정복당한 적은 없었다.

왜 조선은 근대화에 실패했고 일본은 성공했을까?

한국인들이 존경하는 역사인물 중에는 유독 이민족의 침입을 막아낸 장군들이 많다. 그만큼 외침이 잦았다는 뜻이다. 호전적인 데다 막강한 기병군대를 가졌던 북방의 유목민족들은 가장 큰 골칫거리였다. 중원의 왕조들은 송대 이후 사회가 문인화된 결과 유순해져 과거처럼 수십만 대군으로 쳐들어오는 일은 없어졌지만 여전히 거대한 잠재적 위험요소였다. 여기에 더해 일본의 해적들이 해안지역을 수시로 노략질했고, 임진년에는 도요토미 히데요시의 군대가 한반도를 차지할 마음을 먹고 바다를 건너왔다.

한반도를 둘러싼 강대한 군사적 세력들에 대항하기 위해서는 중앙권력을 중심으로 국가의 역량을 모아 단결된 군사력을 발휘해야 했다. 때문에 한반도에 들어선 국가들은 중앙집권적 성격을 강하게 띠었다. 이러한 성향은 중앙집권적인 중화제국의 영향에 의해 더욱 강화되었다.

고구려 초기의 사회는 지방분권적이었다. 당시 고구려는 자치권을 가진 나부라 불린 지방세력들의 연합체였다. 삼국지 위서 동이전 고구려편에는 좌식자(座食者)에 대한 기록이 나오는데, 이들은 말뜻 그대로 일하지 않고 피지배계급이 바친 산물을 앉아서 먹는 지배계급이었다. 당시 고구려의 군사행동은 전사귀족인 이들 좌식자들에 의해 수행되었다.

4세기 무렵부터 한반도에 철제농기구와 우경이 보급되면서 농업생산력이 증가했고, 그 결과 고구려를 비롯한 삼국의 국가들은 보다 중앙집권적인 국가로 변모했다.[14] 이 시기 이후 고구려는 일반 백성들로부터 병력을 징집해 수만 명이 넘는 대규모의 군대를 동원할 수 있게 되었다.

그러나 삼국시대에 중앙집권화의 정도는 제한적이었고 귀족들은 군사적 성격을 유지했다. 고구려의 귀족들은 4세기 이후에도 사병들을 동원하여 반란을 일으키고 서로 간에 내전을 벌일 정도로 상당한 군사력을 가지고 있었다. 백제가 433년 관상성 전투에서 신라에게 패해 왕과 최고위 관직인 6좌평 중 4명이 전사한 사실에서 드러나듯이 백제의 지배계급은 최고위급도 직접 전장에 나가 싸웠다. 문인사회인 조선시대에 왕과 고위급 관리들은 전쟁터 근처에도 가지 않았다. 신라의 지배계급 역시 귀족들의 자제들이 화랑이라는 무사집단을 이룰 만큼 군사적 성격이 강했다.

중국 강남지방에서 급속한 농업생산력의 발전을 가져왔던 수전농법이 고려시대에 한반도의 남부지방을 중심으로 보급되면서

기생들을 끼고 고기를 구워먹고 있는 양반들.

중앙집권화가 심화되었고, 조선시대에 이르면 문인계층에 의해 지배되는 중앙집권적 사회구조가 확고하게 자리 잡았다.

조선 사회가 보여준 모습은 다른 문인화된 사회들과 크게 다르지 않았다. 지주계급은 자신들이 통제하는 국가권력의 비호를 받아 농민들을 착취했다. 이들은 과거시험에 합격하여 출세하기 위해 어려서부터 유교경전과 문장술을 익히는 데 매달렸다. 성리학 이외의 학문은 잡학으로 천대되었다. 서양에서 전해진 앞선 지식도 예외는 아니었다. 이들 중 과거시험에 합격해 중앙관직에 진출하는 자들은 일부에 불과했다. 대부분은 농민들이 바친 잉여로 호의호식하면서 대단한 지식이라도 익힌 양 행세하며 지역의 유지로 살았다.

농민들은 국가와 지주계급에게 이중으로 착취당했다. 이들의 불만은 국가의 폭력에 의해 억눌러졌다. 세금을 못 내면 매를 맞았고, 지주에게 소작료를 못 내도 매를 맞았다. 조금이라도 권력이 있는 자들은 그것을 이용해 백성들을 쥐어짜서 잇속을 챙기기에 여념이 없었다. 세금과 지대를 내고 나면 농민들에게 시장에서 소비할 수 있는 잉여는 거의 남지 않았다. 상공업은 미미한 수준으로 유지되었고 자급자족적인 촌락경제에서 벗어나지 못했다. 흔히 조선 후기에 경제와 상업의 발달이 일어났다고 강조되는데, 경제 구조의 근본적인 변화가 아니라 논농사와 이모작의 보급과 경작지의 확장에 의한 수량적인 증가에 그쳤다는 한계를 가지고 있었다. 늘어나는 인구를 생산력이 따라가지 못해 조선시대 중후반에 걸쳐 생활수준은 오히려 하락했다.[15]

조선왕조는 근대화에 실패한 무능한 정권으로 비난받지만 사실 유럽 이외의 지역에서 근대화에 성공한 나라는 일본이 유일했다. 조선이 보여준 무기력함은 중앙집권적 무력집단이 지배하는 사회의 공통적인 특징이었지 조선만의 특별함이 아니었다. 이러한 점에 있어 일본은 예외적인 경우였다.

일본은 섬나라다. 섬나라는 바다라는 자연적 장벽으로 둘러싸여 있어 이민족의 침입을 받을 위험성이 대륙의 국가들보다 현저하게 떨어진다. 2차 세계대전 이전에 일본 본토에 적대적인 외국 군대가 발을 디딘 경우는 사실상 몽골군이 유일했다. 그마저도 대규모 군대와 물자를 바다 건너 실어 나르는 데 따르는 어려움에다 태풍까지 겹치고, 일본의 사무라이 군대의 저항도 만만치 않아 원정군은 일본의 서쪽 끝자락인 규슈 북부 지역 너머로 나아가지 못했다. 외부로부터의 군사적 위협이 미미했기 때문에 일본인들은 국가의 방어를 위해 중앙정부에 국가의 역량을 집중시켜줄 필요가 없었다. 따라서 천황과 쇼군의 권력은 대륙의 지배자들에 비해 제한적인 수준에 머물렀다.

일본에 철제 농기구가 보급된 것은 5세기 무렵부터였다. 기마전술 또한 이 시기부터 일본에 나타나기 시작했다. 새로운 기술의 전파는 한반도에서 건너간 이민자들에 의해 행해졌다. 앞선 문물을 가진 이민자들은 지배계급으로 자리잡았다. 일본이 애써 부정하려 하지만 일본의 귀족가문 전체가 한반도에서 건너온 이민자들부터 비롯되었다.[16]

농업생산력의 증가와, 보다 발전된 전쟁기술을 가진 사람들에 의해 무수히 많은 부족으로 나누어져 있던 일본은 야마토 평원(오늘날의 나라 지방)에 기반을 둔 세력을 중심으로 통합되어 갔다. 야마토 평원은 백제 이민자들이 정착한 지역이었다.[17] 야마토 국가는 여러 지방세력들의 연합체였다. 중앙집권적인 대륙의 제도를 모방했지만 실질적인 권력은 귀족들의 손에 있었다.

660년 신라와 당의 연합군에 의한 백제의 멸망은 일본에게 엄청난 충격으로 다가왔다. 백제 이민자들에 의해 지배되던 일본 조정은 이들의 모국의 재건을 지원하기 위해 2만 7천 명에 이르는, 당시 일본의 기준으로 봤을 때는 대군을 파병했지만 백강전투에서 신라와 당의 군대에 무력하게 패배했다. 일본 조정은 이에 대한 보복으로 신라와 당이 일본을 침공할 것이라고 확신했다. 668년 고구려마저 나당 연합군에 무너지자 다음 목표는 자신들이 될 것이라는 불안감이 팽배했다. 언제 닥칠지 모르는 침략군을 막기 위해 규슈 해안지역에 일련의 요새들이 건설되었고, 보다 중요하게는 상비군이 만들어졌다.

상비군의 규모는 크지 않았고 징집된 농민들은 자비로 장비를 마련해야 했지만 어쨌든 군대를 손에 넣은 천황은 이전보다 훨씬 강력한 권력을 행사할 수 있게 되었다. 명목상이나마 전국토가 천황의 직접적인 통치 아래에 들어왔고 세금이 부과되었다.

외국 군대의 침공에 대한 일본인의 두려움은 백 년 이상 이어졌지만 결국 아무 일도 일어나지 않자 792년에 징집제가 폐지되었고 상비군도 사라졌다. 이후 천황의 권세는 계속 내리막길을 걸었다.

중앙권력의 일시적인 부흥이 끝난 뒤 일본은 지방분권적 사회로 나아갔다. 무사집단을 거느린 지방의 유력자들은 점차 중앙정부의 권위에서 벗어나 자신들의 영토에서 독립적인 권력기반을 구축했다. 그 결과 12세기 일본에 등장한 것이 전사귀족인 사무라이에 의해 지배되는 봉건적인 막부체제였다.

14세기까지 사무라이의 지배하의 일본에서 전쟁이 치러지는 방식은 중국의 주나라 시대나 유럽의 중세시대처럼 귀족적이었다. 집단적인 전략이나 전술보다는 기마무사인 사무라이의 개인적인 무용이 우선시되었다. 양측은 합의해서 전투가 일어날 장소와 시간을 정했다. 전투가 시작되면 양측의 사무라이들은 규칙에 따라 우선 서로 간에 활을 쏜 뒤 일대일 전투를 벌였다.

15세기 이후 농업생산력이 발전하면서 전쟁의 규모가 훨씬 커졌고 그 결과 소규모의 사무라이 군대 대신 대규모의 보병 군대가 전장을 주도하게 되었다. 과거 전쟁의 규모가 작아서 사무라이의 개인적인 무용이 중시되던 시대에 사무라이는 상당 수준의 독립성을 누렸다. 거대한 집단적 전쟁에서 사무라이 개인의 무용은 의미가 없어졌다. 사무라이는 집단에 종속되어 과거의 독립성을 상실했고, 다이묘 휘하의 조직 내에서 철저한 위계질서에 길들여졌다.[18]

에도막부 시대에 이르면 지방의 번국들의 수준에서는 중앙집권적인 행정체제가 만들어졌다. 영지의 소유자인 다이묘들은 농민들로부터 거둔 세금으로 자체적인 번국 정부를 운영했다. 다이묘들로부터 받는 봉급으로 생활하는, 그러므로 다이묘들에게 전적으로 의존적인 사무라이들은 군인이자 번국의 행정업무를 맡는 관료의 역할을 했다.

중앙의 쇼군의 권력도 이전 시대와 비교하면 더 강화되었다. 지방의 다이묘들은 쇼군의 권위 아래 복속되었다. 쇼군은 다이묘들을 통제하기 위해 격년으로 한 해는 다이묘들이 의무적으로 수도에 머물게 했다. 다이묘들이 그들의 영지로 돌아간 해에도 그들의 가족들은 볼모로 수도에 남겨졌다. 다이묘들에 대한 쇼군의 강력한 통제력 덕분에 일본은 내부적인 평화를 누릴 수 있었다.

하지만 외부로부터의 군사적 위협이 존재하지 않았기 때문에 쇼군은 국가방위를 명목으로 지방으로부터 잉여를 거두어들일 수 없었다. 쇼군은 여전히 다른 다이묘들과 마찬가지로 자신의 영지에서 나온 수입에 의존했고, 다이묘들이 다스리는 번국들의 내정에 간섭할 수 없었다.

일본은 250개가 넘는 번국들로 나누어져 있었다. 이렇게 잘게 분열되어 있는 일본의 무력집단은 사회에 대한 장악력이 중앙집권적인 사회보다 상대적으로 약했다. 때문에 지속적으로 농업산출량이 증가하는 동안에도 다이묘들은 농민들에게 부과되는 세금을 늘리는 데 어려움을 겪었다. 그 결과 농민들에게 지워진 세금부담은 시간이 지날수록 가벼워졌다.[19]

덕분에 일본 농민들의 생활수준은 상당히 높았다. 19세기 일본인의 평균수명은 35-45세 정도였는데 이는 동시대의 청나라보다 10년 이상 높고 동시대의 서유럽과 비슷한 수준이었다. 메이지 유신 이전부터 이미 일반 대중들도 자식들을 학교에 보낼 정도의 여유가 있었다. 에도막부 말기에는 전체 남성의 40%와 여성의 10%가 정규적인 교육을 받았다. 덕분에 남성 인구 중 절반 이상이 글을 읽고 쓸 수 있었다. 당시의 기준으로 봤을 때 아주 높은 수준이었던 일본의 교육수준은 이후 근대화의 과정에서 큰 이점으로 작용했다.[20]

농민들의 손에 남은 잉여는 시장에 공급되었고 그 결과 경제의 상업화가 진행되었다. 막부 말기에 이르면 일본의 많은 지역에서 과거의 자급자족적 농업은 시장에 판매하기 위해 생산하는 상업적 농업에 자리를 내주었다. 농경사회에서 경제의 근간을 이

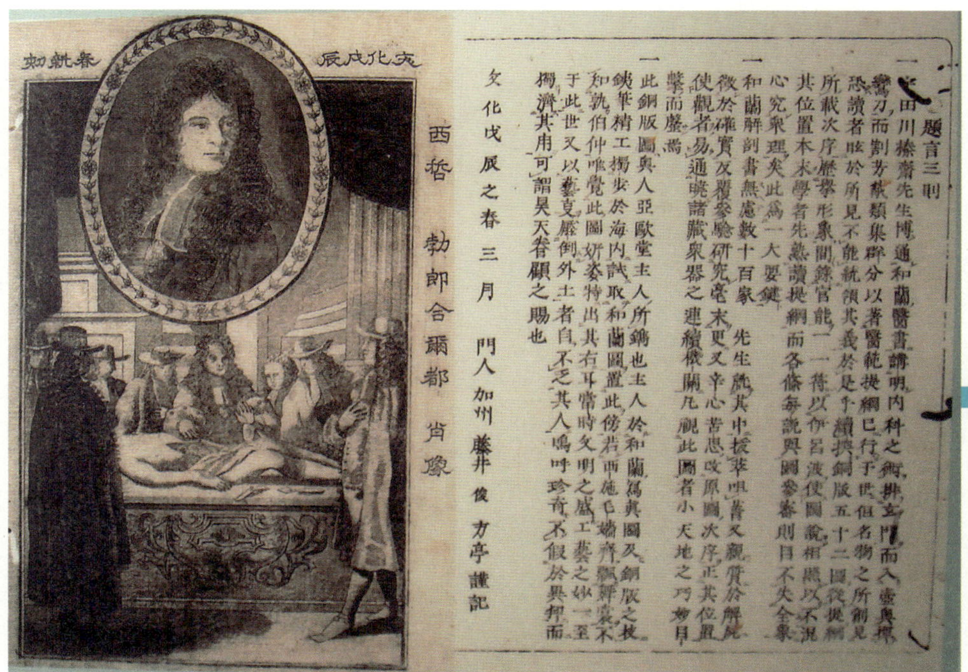

題言三則

一　田川榛齋先生博通和蘭醫書講明内科之術并玄門而入壺奧擇鸞刀而割芳蘭類集群分以著醫範提綱已行于世但名物之所創見恐讀者眩於所見不能統領其義於是乎續撰銅版五十二圖從提綱所載次序歷擧形象間錄官能一一備以伊呂波使圖說相照以不混其位置本末學者先熟讀提綱而各條每說與圖參審則目不失全象心究衆理矣此爲一大要鍵

一　和蘭解剖書無慮數十百家　先生就其中拔萃叩嘗又親實於解屍微於確實反覆參驗研究毫末更又辛心苦思改原圖次序正其位置使觀者易通曉諸臟衆器之連續機關凡觀此圖者小天地之巧妙目擊而釐焉

一　此銅版圖與人亞歐堂主人所鐫也主人於和蘭寫真圖及銅版之技銕筆精工獨步於海内試取和蘭圖置此傍若西施毛嬙齊飄舞袁不知孰伯仲唯覺此圖姸姿特出其右耳常時文明之盛工藝之妙一至于此世又以藝叟厤倒外土者自不乏其人嗚呼珍奇不假於異邦而獨濟其用可謂昊天眷顧之賜也

文化戊辰之春三月　門人加州藤井俊方亭謹記

西哲勃郎合爾都肖像

유교에 지배당하지 않은 일본의 지식인들은 중국학문에 대한 서양학문의 우월성을 깨닫자 새로운 지식으로 빠르게 이동했다.

루는 농업의 상업화는 뒤에서 살펴보겠지만 서유럽에서 시장경제로의 이행이 일어날 수 있었던 전제조건이었다.(8장 보이지 않는 손 참고.)

에도 시대에 시장에 공급된 농업잉여는 각종 사적 기업을 번창시켰다. 이 시기에 형성된 기업전통, 상업자본, 상업망과 금융망 등은 산업화의 기반이 되었다. 상업화된 농업의 높은 생산력은 근대화에 필요한 비용을 무리 없이 소화해 냈다. 또한 상업적 농업 하에서 임금노동에 익숙해진 일본의 농민들은 새로운 사회에 필요한 노동형태를 거부감 없이 받아들였다.[21]

중국과 비교해보면 일본경제의 상업화가 19세기 말에 이미 아주 높은 수준에 이르러 있었음을 알 수 있다. 1887년 일본의 GDP에서 상업과 금융이 차지한 비율은 33%에 달했는데, 중국에서 이 비율은 1930년대에도 10.3%밖에 안됐다.[22] 이처럼 일본에서는 근대화의 필수조건인 시장경제로의 전환이 이미 상당 수준 진행돼 있었기 때문에 서양의 제도를 받아들인 후 급속한 근대화가 이루어질 수 있었다.

이렇듯 19세기 말 조선과 일본의 운명을 가른 것은 두 나라가 처해 있던 지리적 환경이었다. 다음 장부터는 유럽의 특수한 지리적 환경이 고대시대부터 어떻게 역사의 흐름을 조각하였고, 근대에 이르러 시장경제와 민주주의의 탄생으로 이어졌는지 살펴보도록 하겠다.

6

그리스

그리스

도시국가적 평등

영화 <300>에서 스파르타의 왕 레오니다스와 그의 전사들은 테르모필레에서 페르시아의 대군을 막아선다. 페르시아의 황제에 의해 억지로 끌려나온 동방의 병사들과 달리 그리스의 전사들은 그들의 자유의지로 그들이 사는 땅을 지키기 위해 싸운다. 이는 어느 정도 역사적 진실을 포함하고 있는 설정이다. 스파르타에도 왕이 존재했지만 실질적인 권력은 민회에 의해 선출된 관료들과 장로들이 가지고 있었고, 전쟁과 같은 국가의 중대사는 민회에서 투표에 의해 결정되었다. 스파르타의 시민들은 스스로의 결정에 의해 전쟁터에 나온 것이다.

고대 그리스의 정치체제는 동시대의 동양의 문명들에 비해 민주적인 형태를 가지고 있었다. 이러한 차이는 종종 동양과 서양 사이에 어떠한 기질적인 차이가 존재한다는 편견으로 이어진다. 이러한 편견에 의하면 영화 <300>에서 페르시아로 대표되는 동양은 뭔가 비합리적이고 체제에 순종적이어서 전제적인 군주들의 지배를 무비판적으로 받아들였고 압제에 순응하며 살았다. 그래서 동양에서는 수천 년 동안 왕들의 혈통만 바뀌었을 뿐 전근대적이고 후진적인 왕조가 이어졌다. 반면 스파르타로 대표되는 서양은 합리적이고 자유를 갈망하는 성향이 있어 폭군의 지배에 의문을 표하고 떨쳐 일어나 억압의 멍에를 벗어던지고 진보적인 문명을 건설할 수 있었다.

그러나 스파르타에 이웃해 살았던 고대 메세니아인과 라코니아인들은 이에 동의하지 않을 것이다. 이들은 스파르타에 정복당한 후 수백 년 동안 노예와 농노의 중간 정도 되는 삶을 살아야 했다. 스파르타인들이 헤일로타이라 불린 이들을 다스린 수단은 물론 폭력이었는데, 그 압제적인 성격이 동양의 전제군주들보다 더하면 더했지 덜하지는 않았다.

스파르타인들은 매년 9월 헤일로타이에 대해 전쟁을 선포했다. 이는 헤일로타이에 대한 살육을 정당화하기 위해서였다. 스파르타의 젊은이들은 훈련의 일환으로 헤일로타이들을 사냥하듯 살해했다. 선발된 젊은이들은 단검 하나만 들고 헤일로타이의 지역에 몰래 잠입하여 어두워질 때까지 숨어 있다가 밤이 되면 돌아다니는 헤일로타이들을 찾아 죽였다.

투키디데스에 따르면 전쟁에 참여하면 자유를 주겠다는 스파

고대 메세네의 스타디움. 기원전 371년 마침내 스파르타의 지배에서 벗어난 메세니아인들은 그들의 도시를 재건했다.

르타의 약속에 2천 명의 헤일로타이들이 자원했다. 그런데 이후 이들의 행방이 묘연해졌다. 모두 살해당한 것이다. 헤일로타이들 중 강인하고 자유를 원하는, 즉 반란을 일으킬 위험성이 높은 자들을 제거하기 위해 스파르타가 계략을 꾸민 것이었다.

당시 그리스와 동양의 제국들 사이에 존재했던 정치체제의 차이는 무력집단과 생산자 사이의 힘의 역학관계의 차이에서 비롯된 것이었다. 그리스의 특수한 지리적 환경에 의해 무력집단의 성장이 억제되었기 때문에 보다 민주적인 정치체제가 나타났던 것이다.

민주적인 정치체제는 고대 그리스 이전에도 많은 지역에서 나타났다. 사실 인류가 수렵채집민으로 유랑하던 시절 인간사회는 전체적으로 아주 평등했다. 권력이 소수에 의해 독점되는 현상은 농경생활이 시작된 이후 무력집단이 성장하면서 나타났다. 고대 그리스처럼 농경문명이 높은 수준으로 발전한 이후에도 민주적인 체제가 시행된 경우는 예외적이기는 했지만 고대 그리스 이외에도 여럿이 존재했다.

수메르 문명의 도시국가들은 오늘날의 양원제와 비슷한 정치체제를 가지고 있었다. 원로들의 모임은 상원에 해당됐고, 자유민 남성들의 모임은 하원에 해당됐다. 최종결정권을 가진 것은 전사이기도 한 자유민 남성들의 모임이었다. 이들은 원로들의 결정을 번복할 수 있었다.[1)]

기원전 2600년경 당시 수메르 지역의 패권국가였던 키쉬의 왕 아가는 우루크에 굴복을 요구했다. 우루크의 왕 길가메쉬는 키쉬에게 굴복하지 말고 맞서 싸우자고 원로들의 모임을 설득하려 했지만 보수적인 원로들은 평화를 택했다.

이에 길가메쉬는 도시의 남성들의 모임에 키쉬에게 머리를 조아리지 말고 무기를 들자고 호소했다. 남성들의 모임은 이들 받아들여 전쟁을 결의했다. 이어서 벌어진 전투에서 우루크의 시민전사들은 키쉬의 군대를 물리쳤다. 이렇듯 도시국가 시절의 수메르 문명에서는 왕이라 할지라도 시민들의 동의가 없으면 군대를 일으킬 수 없었고, 국가의 중대사는 시민들의 논의에 의해 결정

스탠리 멜조프의 모헨 조다로. 광대한 지역에 고만고만한 크기의 집들이 펼쳐져 있다. 특별히 규모가 큰 건물들은 공용건물들이다. 모든 집들은 하수시설이 갖추고 있었다. 인더스 문명은 부유한 문명들 중에서 유례를 찾아보기 힘들 정도로 빈부격차가 적었다.

되었다.

인더스 문명의 도시들에서 발견된 집들은 대부분 그 크기가 비슷했다. 다른 문명에서 일반적으로 나타나는 거대한 궁전도 발견되지 않았다. 유골을 분석해본 결과 이곳 사람들은 대부분 충분한 영양을 섭취했던 것으로 나타났고, 빈부격차에 의해 나타나는 영양상태의 차이도 적었다. 과거 농경사회에서 빈부격차는 주로 정치권력의 불평등에서 비롯되었다는 사실을 미루어 봤을 때 인더스 문명의 사회는 경제적인 면에 있어서뿐만 아니라 정치적

인 면에 있어서도 아주 수평적인 사회였던 것으로 추측된다.[2)]

수메르 문명과 인더스 문명, 고대 그리스 문명에서 정치권력의 분산을 가져온 요인은 이들이 도시국가라는 국가체제를 가지고 있었다는 점이었다. 수메르 문명과 인더스 문명이 형성된 티그리스??유프라테스강과 인더스강 유역은 인공적인 관개작업이 거의 필요 없었던 나일강 유역과 달리 관개시설을 통해 경작지에 물을 대고 홍수로부터 농작물을 보호해야 했다. 아직 기술수준이 낮았던 시기에는 강변의 지형이 관개작업을 하기에 수월한 제한적인 몇몇 장소에서만 농경이 가능했다.

관개가 된 농경지대는 그렇지 않은 광활한 황무지에 의해 분리되어 점점이 흩어져 있었다. 서로 분리된 채 존재한 농경지역들은 서로 합쳐지지 않고 각각 독립적인 정치단위를 이루었다. 그 결과 도시국가라는 규모가 작은 국가체제가 나타났다.

그리스 국토의 대부분은 산지로 이루어져 있다. 드물게 존재하는 평야지대는 높은 산맥에 의해 수많은 좁은 분지로 나누어져 있다. 산맥에 의해 서로 간에 고립된 채로 존재하는 각 농경지역들은 저마다 독특한 정체성을 형성했고, 정치적 통합이 지연되었다.[3)] 그래서 그리스에서는 농업생산력이 발전한 후에도 규모가 큰 국가가 나타나는 대신 도시국가 체제가 유지되었다.

도시국가는 외곽 지역에서도 보통 한 나절 정도 걸으면 중심지에 도달할 정도로 규모가 작다. 앞서 설명했듯이 무력집단이 절대 다수인 농민들을 지배할 수 있었던 것은 농민들이 생계 때문에 토지에 묶여 그들의 지역에 고립되어 있었던 데 반해 무력집단은 전국에 걸친 지배조직을 가지고 있어 광범위한 지역에서 인적?물적 자원을 동원할 수 있었기 때문이었다.

도시국가처럼 국가의 규모가 협소한 경우에는 무력집단의 조직규모 역시 그 좁은 지역 안으로 한정되어 무력집단이 가진 조직력에서의 우위가 제한되었다. 따라서 도시국가에서는 생산자들에 대한 무력집단의 지배력이 약했고 보다 민주적인 사회구조가 형성될 수 있었다. 고대 그리스의 민주주의는 이러한 도시국가적 평등의 산물이었다.

권력은 총구에서 나온다

과거 농경사회에서 정치권력의 향방은 군사력이 누구의 손에 쥐어져 있느냐에 의해 결정되었다. 이 시대에는 권력은 총구에서 나온다는 말이 문자 그대로 적용되었다. 부족적 사회에서는 자유민 남성 전체가 전사로서 기능했고, 따라서 정치권력은 이들 사이에 비교적 평등하게 배분되어 있었다. 이후 농업생산력이 증가하면서 군사력이 소수의 무력집단의 손에 집중되었고, 그 결과 정치권력은 이들 소수의 지배계급에 의해 독점되었다. 고대 그리스에서는 특이하게도 시간이 지날수록 정치권력이 집중되는 것이 아니라 거꾸로 분산되는 방향으로 움직였는데, 이 또한 군사력의 향방과 연관되어 있었다.

그리스에서 유럽 최초의 문명이 탄생할 수 있었던 이유는 유럽의 여러 지역들 중 동양의 선진지역과 가장 인접해 있어 동양의 발달된 문물을 가장 빨리 받아들일 수 있었기 때문이었다. 아나톨리아로부터 그리스로 농경이 전파된 시기는 기원전 7000년경이었는데 이는 이집트에 농경이 전해진 시기보다도 이른 것이었다.

기원전 제2천년기 초까지만 해도 그리스에는 권력자의 것으로 보일 만큼 특별히 규모가 크고 값비싼 부장품이 담긴 무덤이 만들어지지 않았다. 당시에는 아직 사회가 계급에 의해 나뉘지 않았던 것으로 보인다.[4]

그런데 기원전 1600년경부터 시작되는 미케네 시대에 이르면 강력한 군주들과 귀족들이 등장하여 그리스를 지배하고 있었다. 이들은 거대한 석제 무덤에 수많은 값비싼 부장품들과 함께 묻혔다. 부장품들 중 중심을 차지한 것은 무기류였는데 이는 갑작스럽게 등장한 계급사회의 지배계급이 어떠한 존재였는지를 말해준다.

전사귀족들이 그리스를 지배한 시기는 인근의 오리엔트지역에서 전차가 군대의 주력으로 사용되었던 시기와 겹친다. 미케네 문명의 지배자들도 이 위력적인 무기를 소유하고 있었다. 자세한 기록이 남아 있지 않아 정확한 숫자는 알 수 없지만 미케네 문명의 왕국들은 각각 수백 대의 전차를 동원할 수 있었던 것으로 보인다.[5] 전사귀족들은 또한 동방에서 전해진 청동갑옷과 청동무기로 무장하고 있었다.

16세기에 철제무기와 철제갑옷, 말, 화약무기를 가진 스페인의 정복자들은 고작 수백 명의 군대로 인구가 수백만 명 이상이

미케네 시대의 단지에 묘사된 전차의 모습.

었고 잘 조직된 군대를 가지고 있었던 잉카와 아즈텍을 정복했다. 비슷한 현상이 미케네 시대 그리스에서도 일어났던 것으로 보인다. 전차는 그것을 만드는 데 여러 명의 전문적인 기술자가 필요한 값비싼 무기였고 청동갑옷과 청동무기도 당시의 가난한 사회에서는 아주 일부만이 소유할 수 있었다. 동방에서 전해진 첨단병기로 무장한 전사집단은 아주 적은 수로도 기껏해야 돌창 정도를 가진 농민들을 굴복시키고 지배계급으로 군림할 수 있었을 것이다. 이들 극소수의 전사계급에게 잉여가 집중되면서 사치스러운 궁전문화가 나타났다.

미케네 시대는 기원전 1200년경 전사귀족들의 궁전이 불타고 파괴되는 것으로 막을 내렸다. 이 시기는 바다민족이라 불린, 향상된 장비와 전술을 갖춘 고지대 출신의 보병들이 부유한 평원지대의 귀족 전차병들을 격파하고 동부 지중해 일대를 온통 휩쓸고 다니던 때였다. 이들 바다민족은 미케네 문명을 약탈하고 무너뜨린 후 어디론가 사라져 버렸는데 아마도 보다 부유한 약탈대상을 찾아 떠난 것으로 보인다.

미케네 문명이 붕괴된 후 약 400년이 흘러 문자기록이 다시 시작되었을 무렵 그리스의 도시국가들은 여전히 귀족들에 의해 지배되고 있었다. 이들만이 값비싼 청동갑주로 무장할 수 있었고 전차와 말을 소유할 수 있었다. 우월한 무장을 갖춘 귀족들은 전장을 지배했다.[6]

이 시대에 전차와 말은 단순한 이동수단으로 사용되었다. 귀족 전사들은 일단 전장에 도착하면 땅으로 내려와 중장보병으로 싸웠다. 주나라나 중세 유럽이나 일본의 경우와 같이 그리스에서도 귀족 전사들의 싸움에서는 집단적 전술보다 개인의 무용이 강조되었다.

훗날의 그리스의 시민군대가 사용한 집단전술인 팔랑크스와 달리 이들 귀족들은 개인적으로 전투를 벌였다. 후대의 방패는 손에서 팔꿈치까지 완전히 고정시켜 진형을 견고하게 유지시키는 데 중점을 둔 것에 반해 이 시대의 방패는 손으로만 잡게 되어 있어 개인의 자유로운 활동에 중점이 맞춰져 있었다.

무장을 갖출 형편이 안 되는 가난한 평민들이 전장에서 맡은 역할은 중무장한 귀족들 뒤에서 함성을 지르며 돌멩이를 던지는 일 정도였다.[7] 무력집단은 비록 조직력에서의 우위가 제한적이었지만 무장에서의 우위를 통해 정치권력을 독점할 수 있었다.

기원전 8세기 그리스는 급속한 경제적 팽창을 경험했다. 농업생산력의 발전으로 인해 인구가 전례 없이 빠른 속도로 증가했다. 그리스인들은 인구가 늘어남에 따라 부족해진 토지를 찾기 위해 해외로 눈을 돌렸다.[8] 그리스인에 의한 지중해 연안의 식민 활동이 시작된 것이 이때부터였다.

외국과의 교역이 활발해져 금속이 보다 싼 가격으로 유입되었고 동방에서 새로운 금속기술이 도입되어 무기를 만드는 비용이 내려갔다. 경제적으로 부유해진 데다 무기의 가격도 낮아지자 더 넓은 계층이 무장을 갖출 수 있게 되었다.[9] 평민들이 가담하면서 중장보병의 규모가 커지자 과거 소수의 귀족들이 개별적으로 전투를 벌이는 모습은 사라졌다. 대신 대규모 보병군대에 적합한 밀집방진 전술인 팔랑크스가 나타났다.

무장을 갖춘 평민들은 귀족들의 권력독점에 도전하였다. 견고하게 뿌리박힌 귀족 세력에 맞서기 위해 평민들은 구심점을 필요로 했고 참주가 그 역할을 맡았다. 기원전 7세기 중반부터 일련의 야심가들이 평민들의 지지를 바탕으로 귀족들이 장악한 정권을 무너뜨리고 독재정권을 수립했다.

참주의 권력은 평민을 지지기반으로 세워졌기 때문에 평민들이 귀족들에 대항하기 위해 그를 필요로 했을 때에만 유지될 수 있었다. 평민들이 귀족들을 억제할 자신감을 갖게 되자 참주의 필요성은 사라졌고 그의 권력기반은 침식되어 갔다.[10] 그리하여 참주정은 독재정권에 염증을 느낀 평민들과 귀족들의 연합에 의해 전복되었다. 이후 그리스에는 시민 중장보병인 호플리테스에 의해 지배되는 정치체제가 형성되었다.

그리스의 호플리테스. 무장을 갖춘 시민들은 귀족들에 의해 독점되던 권력을 쟁취했다

비록 경제발전으로 더 넓은 계층이 무장을 갖출 수 있게 되었지만 모두가 청동갑옷을 마련할 만한 경제력을 가진 것은 아니었다. 아테네의 경우 남성 시민의 40~60%는 무장을 갖출 만한 여력이 없었다. 테테스라 불린 이들은 관직을 소유할 권리를 가지지 못했다.[11]

가난한 시민들이 국가의 군사력에 기여할 기회는 바다에서 찾아왔다. 대부분의 도시국가들이 해안가에 위치한 지리적 조건상 그리스에서는 해양활동이 활발했고 해군의 중요도가 높았다. 영

화 <벤허>에서는 쇠사슬에 묶인 노예들이 채찍을 맞아가며 노를 젓는 것으로 묘사됐지만 사실 고대 그리스나 로마에서 갤리선의 노를 젓는 자리에는 노예가 아닌 시민들이 선호되었다. 국가에 대한 아무런 권리도 없는 노예들에게 함대의 운명을 맡기는 것은 꺼림칙한 일로 여겨졌다. 그래서 노예들에게 노를 젓는 자리를 맡길 때는 전투가 끝난 후 시민권을 주기로 약속하거나, 아니면 노예들을 먼저 시민권자로 만든 후에 노를 잡게 했다.

테테스들은 해군에서 수병과 노잡이로 활동하며 국가의 군사력에서 중요한 한 축을 담당할 수 있었다. 기원전 480년 그리스의 육군이 페르시아의 대군에 중과부적으로 밀리고 있는 동안 아테네가 주축이 된 그리스의 해군은 살라미스 해전에서 페르시아의 함대를 격파했다. 이에 보급선이 끊기고 퇴로가 막힐 것을 우려한 페르시아는 대부분의 군대를 후퇴시킬 수밖에 없었다. 이후에도 델로스 동맹의 맹주가 되어 강력한 해군력이 필요했던 아테네는 테테스에게도 관직에 진출할 권리를 부여했다.

아테네에서 가난한 남성 시민에게 참정권이 주어진 이후 더 이상의 정치권력의 분산은 이루어지지 않았다. 5세기 아테네에는 시민권자만큼의 자유민 비시민권자가 있었는데 이들은 주로 다른 그리스 도시 출신이었다. 또한 시민권자와 비슷한 숫자의 노예들이 있었다. 전쟁에서 배제된 여성들은 정치에서도 배제되었다. 아테네에 거주하던 사람들 중 참정권을 가진 성인 남성 시민은 전체 인구의 10% 정도였다. 이 정도 비율도 전근대적인 농경사회의 기준으로 봤을 때는 민주적이었다고 할 수 있지만, 민주주의란 이름을 붙이기에는 무리가 있는 것 같다.

노예들은 인간 이하의 지위를 가지고 있었다. 노예들은 주로 그리스 북쪽의 트라키아나 흑해 연안지역에서 납치되거나 팔려온 자들이었다. 노예의 공급이 많았기 때문에 노예의 가격은 낮은 수준에 형성되었다. 그래서 가난한 시민가구도 보통 1명 정도의 노예를 소유하고 있었다. 이들은 가축과 같이 주인의 재산으로 취급되어 매매되거나 상속되었고, 이들의 운명은 전적으로 주인의 처분에 달려 있었다.

그리스의 민주적인 시대는 그리 오래 가지 못했다. 비록 그리스의 민주적 전통이 최후를 맞이한 것은 필리포스 2세의 마케도니아 군대에 짓밟힌 이후였지만, 그리스의 시민권력은 마케도니아에 의한 정복 이전부터 이미 흔들리고 있었다.

기원전 4세기에 그리스의 도시국가들은 서로 간에 거의 끊임없이 전쟁을 벌였다. 이러한 만성적인 전쟁상태에서는 전문적인 군대가 필요했다. 농지를 돌봐야 하는 시민군대를 무한정 전쟁터에 내보낼 수는 없는 일이었다. 때문에 이 시기 그리스에서는 시민들의 권력기반이었던 시민전사의 전통이 부식되었고 용병의 중요성이 커졌다.

이러한 현상은 개인적으로 군대를 동원할 수 있는 유력자들에게 권력의 주도권이 넘어가게 만들었다.[12] 또한 점증하는 군사적 분쟁은 그 안에서 중심적 역할을 하는 군지도자들의 입지를 강화시켰다. 그 결과 군대를 기반으로 한 군주제가 자라났다.

7

로 마

로 마

농민보병과 제국

그리스인과 로마인이 건설한 제국은 당시 세계에서 가장 부유한 지역 중 하나였던 동부 지중해 연안 지역을 약 1천 년 동안 지배하였다.

일부 학자들은 이를 두고 동양에 대한 서양의 군사적 우위를 보여준다는 식으로 해석하는데, 비잔틴 제국이 아랍인의 군대에 의해 이 지역에서 밀려난 이후의 역사를 보면 이는 실제와는 거리가 먼 의견인 것 같다. 17세기까지만 해도 투르크족의 군대가 오스트리아의 빈까지 쳐들어가며 유럽에 대해 공세적인 위치에 있었다.

한 서양 학자는 더 나아가 '서양적 전쟁 방식'이라는, 백인우

월주의적인 관점이 짙게 깔려 있는 이론을 내세우기도 했다. 그에 따르면 동양의 민족들은 전장에서 적과 직접 병장기를 맞부딪치며 싸우는 것을 꺼려 멀리서 활을 쏘거나 매복과 습격 같은 치고 빠지는 전법을 사용했던 반면, 그리스와 로마로 대표되는 대범한 서양인들은 적의 지척까지 진형을 이루고 다가가 서로 무기를 뒤섞으며 전투를 벌였다는 것이다.

이 이론에서 근거로 제시되는 것이 그리스인과 로마인이 사용한 밀집방진 전술이다. 그리스 로마인들이 이 전술로 근접한 거리에서의 육탄전을 꺼리는 동양의 군대를 물리쳤다는 것이다. 그러나 사실 수메르인들은 그리스인들보다 2천 년 정도 앞서서 이 전술을 사용했었다.

수메르인 이후로도 밀집방진 전술은 여러 민족의 보병군대에서 일반적으로 사용되었다. 로마인들로부터 동부 지중해 지방을 빼앗은 아랍 군대의 주력도 밀집진형을 이룬 보병이었다. 아랍의 보병들은 가까운 거리에서 적들과 맞붙어 싸우는 것을 두려워하지 않았다. 야르무크 전투(636)에서 아랍의 보병들은 그들보다 최소 2배에서 최대 4배까지 숫자가 많은 로마군의 공격을 6일 동안 버텨내고 결국 압도적인 승리를 거두었다.

고대 그리스인과 로마인의 군사적 성공은 서양과 동양 사이의 차이에서 비롯된 특수한 현상이 아니라 그 지역의 역사적 흐름에서 비롯된 현상으로 이해해야 한다.

크게 두 가지 요인이 당시 지중해 연안의 지도를 그리는 데 영향을 미쳤다.

기원전 2460년경 수메르의 도시국가 라가쉬가 오랜 라이벌인 움마에 승리를 거두고 만든 기념비에는 밀집방진 전술에 대한 최초의 묘사가 표현되어있다.

첫 번째 요인은 농업생산력이 낮은 지역에 사는 민족들이 군사적으로 더 강력했다는 사실이다. 역사상 지중해 동부 지역을 지배한 민족들의 면면을 보면 예외 없이 그들이 정복한 민족들보다 가난한 지역 출신이었다. 고원지대나 건조지대, 혹은 삼림지대나 초원지대같이 농업생산력이 높지 않은 지역은 강인한 병사들을 길러내기에 좋은 환경이었다. 이러한 지역들은 무력집단의 성장이 지체되어 사회의 탈군사화가 덜 진행되었을 뿐만 아니라 평민들의 지위가 상대적으로 높아 이들로 구성된 대규모의 군대는 국가를 위해 싸우고자 하는 열의가 강했다.

전근대사회의 전투에서 병사들의 사기는 그야말로 전세를 결정짓는 요소였다. 이 시대의 전장으로 들어가 보자.

병사들은 그들을 죽이려는 의도를 가지고 다가오는 거대한 인간의 무리를 향해 전진해간다. 이윽고 병장기가 부딪히고 함께하던 동료들이 쓰러져나간다. 병사들은 매순간 죽음의 공포로부터 도망치고 싶은 욕구를 억눌러야 한다. 싸울 의지가 강하지 않다면 생존에 대한 본능이 곧 승리를 거둔다. 병사들은 뒤로 물러서다가 하나둘씩 도망치기 시작한다.

공포는 빠르게 전염된다. 일부 병사들에서 시작된 도주는 들불처럼 군대 전체로 번진다. 도망치는 병사들은 적들의 손쉬운 사냥감이 된다. 이때부터 전투는 싸움이 아니라 일방적인 학살로 변한다. 사실 전근대적인 전투에서는 적과 싸우다 죽는 병사들의 숫자보다 공포에 의해 진형이 붕괴된 후 학살당한 숫자가 더 많았다.

농업생산력이 높아 무력집단에게 종속된 사회의 농민들은 그들을 착취하는 지배계급을 위해 싸우고 싶은 마음이 별로 없었다. 이들을 억지로 끌고 와서 전쟁터에 세워놓은들 말 그대로 머릿수만 채우는 것이지 전황이 조금이라도 밀리는 기색이 있으면 제 살길을 찾아 도망쳐버릴 개연성이 높았다. 그래서 무력집단의 지배력이 강한 사회는 질 좋은 평민군대를 생산하기 어려웠다.

두 번째 요인은 전쟁기술상의 변화였다. 앞서 언급했듯이 동부 지중해 연안의 선진 문명지역에서 전차제국의 시대는 기원전 1200년경 바다민족이라 불리는 보병집단의 등장에 의해 끝이 났다. 드루스에 의하면 전차가 달리기 힘든 산악지역의 민족들은 평원지대에서 전차병이 군대의 주력이 된 이후에도 계속 보병으로 싸웠다. 금속기술의 발전으로 인해 보다 향상된 장비를 갖추게 된 이들 산악민족들의 보병군대는 평야지대의 전차병들을 격파하며 전차병들이 지배하던 부유한 국가들을 거꾸러뜨렸다.[1]

당시 이 지역의 강대국들 중 바다민족의 공격에서 살아남은 국가는 이집트가 유일했다. 드루스의 이론은 많은 학자들로부터 당시의 여러 사회경제적 또는 환경적 요인을 무시하고 단순히 전쟁기술의 변화를 통해 설명하려 한다는 비판을 받았다. 그러나 어쨌든 이 시기 이후 동부지중해 연안에서 전차가 전쟁의 중심적인 역할에서 밀려난 것은 사실이다.

이때부터 보병이 다시 전장의 전면에 등장했다. 기병이 대규모 보병 군대와 맞서 싸울 정도로 발전한 것은 이로부터 1천 년 이상 지난 후였다. 당시의 말은 사람을 태우고 달릴 수 있을 만큼 덩치가 크지 않았다. 품종개량을 통해 사람이 타고 싸울 수 있을 만큼 말의 몸집이 커진 것은 수백 년 이후였고, 무거운 갑옷의 무게까지 견딜 수 있을 만큼 커지는 데는 또다시 수백 년이 더 걸렸다.

기병에 대한 최초의 기록은 기원전 9세기 아시리아에서 등장했다. 초기의 기병은 한 기수가 활을 쏘는 동안 다른 기수가 옆에서 고삐를 대신 잡아주어야 하는 비효율적인 방식으로 운용됐다.

기병기술을 발달시키는 것은 역시 말과 함께 생활한 유목민족들의 몫이었다. 기원전 513년 스키타이인들은 기병의 기동성을 이용한 게릴라 전술로 그들의 영토를 침입한 페르시아의 보병군대

기원전 865-860년에 만들어진 아시리아의 부조에 묘사된 기병. 한 기수가 활을 쏘는 동안 나란히 달리고 있는 다른 기수가 고삐를 대신 잡아주고 있다.

를 괴롭혔다. 그러나 아직 스키타이인들의 기병군대는 대규모 보병군대를 회전*에서 이길 수 없었기 때문에 페르시아의 군대가 진군을 계속하여 그들의 영토를 헤집고 다니는 것을 막을 수 없었다.

기원전 53년에 로마와 유목민족 출신인 파르티아 사이에 벌어진 카르하이 전투는 드디어 상황이 바뀌었음을 보여준다. 9천의 기마궁수와 1천의 중장기병으로 구성된 파르티아의 기병군대는 그들보다 숫자가 4배 정도 많은 로마의 보병중심 군대를 기병이 자유롭게 달릴 수 있는 건조한 평원지대에서 만났다.

파르티아의 기마궁수들은 로마군을 둘러싸고 화살을 퍼부었

* 양 군대가 병력을 집결하여 벌이는 전투.

다. 대부분이 중장보병으로 구성된 로마군이 근접전을 벌이기 위해 다가오면 기병의 빠른 기동력을 이용하여 후퇴한 뒤 다시 화살의 비를 쏟아 부었다. 파르티아의 기마궁수는 퇴각하는 도중에도 후방을 향해 활을 쏴 피해를 입혔다.

기마궁수를 쫓아내기 위해 투입된 로마의 기병은 전투력이 월등한 파르티아의 중장기병에 가로막혔다. 이것은 전투라기보다 일방적인 학살에 가까웠다. 로마군이 할 수 있는 것은 어떻게든 화살의 비를 견디고 버텨내는 것밖에 없었다. 해가 져서 활을 쏠 수 없게 되자 마침내 파르티아군의 공격이 멈추었고, 로마군은 그제야 퇴각을 시도할 수 있었다. 이 전투에서 로마군은 약 2만 명이 전사했고 약 1만 명이 포로로 붙잡혔다. 반면 파르티아군의 피해는 경미한 수준이었다.

기병군대가 보병군대에게 거둔 이 일방적인 승리는 그러나 보병에 대한 기병의 우위가 시작되었음을 알리는 사건은 아니었다. 뼈아픈 패배를 겪은 후 로마는 이란의 기병군대를 상대하기 위해 궁수의 비율을 높이고, 활보다 사정거리가 긴 투석병을 활용했다. 또한 기병이 활개칠 수 있는 개활지에서의 전투를 피하고 고지에 진형을 잡는 전술을 사용했다.[2)]

이러한 대응 덕분에 로마는 파르티아와 뒤이은 사산왕조의 군대에 여러 차례 승리를 거두었고, 한때는 메소포타미아를 점령하기도 했다. 로마와 이란의 제국은 수백 년 동안 일진일퇴의 공방전을 지속했다. 이 싸움은 두 제국이 7세기에 아라비아 반도에서 출현한 보병 중심의 아랍군대에 의해 축출될 때까지 계속되었다.

기병전술이 탄생한 곳은 서부 유라시아 초원이었지만, 가장 가공할 기마전사들을 길러낸 곳은 동부 유라시아 초원이었다. 그 원인은 지리적 · 생태적 환경에서 찾을 수 있다. 어느 정도 농경이 가능한 유라시아 초원의 서쪽 부분과 달리 강수량이 더 적고 기온도 더 낮은 동쪽 부분에서는 완전한 형태의 유목생활이 이루어졌다.[3)]

평생을 말등 위에서 가축을 몰면서 지내는 생활방식과 거친 자연환경은 동부 유라시아 초원의 사람들을 숙련되고 강인한 기병으로 만들어주었다. 4세기에 아마도 중국에서 발명된 등자는 기수가 말의 등 위에서 더 안정적으로 싸울 수 있게 해주었다.

다른 지역들의 군사력의 약화도 이 지역 민족들의 군사적 우위를 강화시켜 주었다. 서기 1000년 정도에 이르면 대부분의 지역에서 무력집단의 발전이 진행되어 과거의 자유민 전사의 전통이 사라진 것은 물론이고 사회의 문인화가 진행되어 있었다. 반면 동부 유라시아 초원의 유목민들은 척박한 환경 때문에 군사적으로 가장 강력한 부족적 사회단계에 머물러 있었다.

이 지역에서 기원한 투르크인과 몽골인은 다 합해봐야 수백만 남짓의 인구로 유라시아대륙의 농경지역 대부분을 정복했다. 18세기에 서세동점이 본격적으로 시작되었을 때 동양의 문명들은 대개 이들의 후손들이 지배하고 있었다.*

---

* 당시 청나라를 지배하고 있던 만주족은 유라시아 초원 출신은 아니었으나 역시 승마와 활쏘기가 삶의 일부분인 기마민족이었다.

야수들과 싸우는 켄타우루스. 2세기 초 로마시대의 작품이다. 말을 자기몸처럼 다루는 기마민족은 농경민족인 그리스인들에게 반인반수의 괴수처럼 보였고 그리스인들의 상상 속에서 켄타우루스를 탄생시켰다.

고대 그리스 로마인들에게는 다행스럽게도 동부 유라시아 초원의 기마민족들이 휩쓸고 다닌 시대는 이들의 전성기로부터 한참 시간이 지난 후였다. 이들의 시대에는 보병이 전쟁에서 중심적인 역할을 했고, 따라서 이 시대의 지배민족들은 주로 강인한 보병군대를 길러내기에 적합한 생산력이 낮은 농경지역에서 나왔다.

동부 지중해 연안을 지배한 일련의 대제국인 아시리아, 페르시아, 마케도니아, 로마는 모두 상대적으로 척박한 농경지역에서 기원한 민족들에 의해 건설되었다. 사막의 유목민인 베두인들로부터 주로 병력을 제공받았던 초기 아랍제국의 군대는 농민출신은 아니었지만 역시 가진 것이 많지 않던 사람들이었다.[4] 그리스 로마인들의 군사적 성공은 가난했기에 더 강한 보병군대를 동원할 수 있었던 민족들이 부유한 문명들을 정복하고 대제국을 건설하던 당시의 역사적 흐름의 일부였다.

배고픈 늑대에서 배부른 돼지로

전차병의 시대가 지나간 이후 가장 먼저 대제국을 건설했던 아시리아인의 고향은 농사짓기 좋은 땅이 아니었다. 이곳의 강수량은 천수농경이 겨우 가능한 정도여서 자연강수에만 의지하기에는 불안정했다. 가뭄이라도 드는 해에는 한 해 농사를 완전히 망칠 수 있었다. 그렇다고 관개농경을 하자니 아시리아를 관통하는 티그리스강은 땅을 깊게 파고 흐르고 유속이 빨라 관개작업을 하기도 쉽지 않았다.

그래서 아시리아인들은 농경민족이었지만 농업을 보완하기 위해 목축과 중계무역 등 다양한 생계수단에 종사했다. 낮은 생산력에 의해 무력집단의 성장이 억제되었기 때문에 아시리아의 농민들은 서남아시아의 다른 국가들에 비해 높은 사회적 지위를 가지고 있었다. 이 자유로운 농민들로부터 높은 사기를 지닌 보

아시리아군에게 포로로 잡힌 이집트 병사들. 아시리아인들은 최초로 서남아시아와 이집트를 아우르는 제국을 건설했다.

병을 동원할 수 있었다.[5)]

기원전 670년 이집트를 정복하고 오리엔트의 선진 문명지역 대부분을 손에 넣은 신아시리아 제국 군대의 핵심은 철제무기로 무장한 대규모의 보병이었다. 과거 전면에서 공격을 주도하던 전차는 측면에 배치되어 보병의 공격을 지원하고 도망치는 적을 추격하는 용도로 사용되었다. 기병도 사용되었으나 아직 그 역할은 제한적이었다.

아시리아가 거대한 제국을 형성하자 정복지에서 유입된 부에 의해 무력집단이 성장했고, 이는 효과적인 보병의 공급원이었던 아시리아인 자유농민층을 갉아먹었다. 제국 말기로 갈수록 보병 부대에서 강건한 아시리아 자유민의 비율이 줄어들었고, 그 자리는 강제적으로 동원된 피정복민과 외국인 용병으로 대체되었다.

군대의 주력이 충성심 낮은 외국인들과 종속된 민족들로 채워진 사실은 아시리아의 군사력을 잠식했고 이는 재앙의 씨앗이 되었다.[6] 기원전 612년 제국의 수도 니네베가 피정복민족들의 연합군에 의해 함락되었다. 잔혹한 공포정치에 시달렸던 이들은 그에 대한 복수로 아시리아를 철저하게 파괴했다.

제국의 억압적인 지배와 자유민 전사의 전통은 서로 양립할 수 없는 것이었다. 자유민 전사의 군사력에 의해 세워진 제국은 아이러니하게도 그것의 존재 자체가 스스로의 존립기반인 자유민 전사계층을 침식했던 것이다.

가난했기 때문에 무력집단의 성장이 억제돼서 군사적으로 강력했던 민족이 제국의 주인이 된 후 부유해졌지만 그 결과 무력집단의 지배력이 강해지면서 오히려 군사적으로 약화되어 제국의 붕괴로 이어지는, 말하자면 배고픈 늑대가 배부른 돼지가 되는 과정은 아시리아 이후에 등장했던 다른 제국들도 겪은 일반적인 현상이었다. 늑대 젖을 먹고 자란 로물루스와 레무스에 의해 건국되었다는 전설을 가진 로마제국도 예외가 되지 못했다.

기원전 7세기까지 로마인들이 전투를 치르는 방식은 고전시대 초기의 그리스와 비슷했다. 무장을 갖춘 귀족 전사들은 개별적으로 적과 전투를 벌였고 이들의 뒤에는 무장을 갖추지 못한 평민들이 소리를 지르며 따라다녔다.[7] 이후 그리스에서 나타났던 것과 비슷한 변화과정이 일어났다. 경제적으로 부유해지면서 더 넓은 계층의 사람들이 무장을 갖출 수 있게 된 것이다.

6세기를 거치면서 부유해진 로마는 오두막집들이 모여 있던 촌락에서 세련된 도시로 탈바꿈했다. 같은 시기에 그리스의 팔랑크스 전술이 도입되어 4천 명 정도로 이루어진 중장보병 군단이 조직되었다. 병사들은 대부분 자비로 무장을 갖출 여유가 있는, 토지를 보유한 농민들이었다.[8]

당시 이탈리아는 철기제조술의 전래 이후 로마뿐 아니라 전체적으로 경제성장을 경험하고 있었다. 이탈리아를 뒤덮고 있던 울창한 숲이 철제 도끼에 의해 잘려 나가 농경지로 바뀌었고 철제 보습을 단 쟁기로 보다 수월하게 땅을 갈 수 있었다. 농업생산력이 증가하면서 수많은 단위로 쪼개져 있던 부족들이 통합되어갔고, 그 과정에서 끊임없이 전쟁이 일어났다.

로마가 이탈리아를 통일해 가던 이 시기에 이탈리아의 성인 남성 중 10%는 군대에 있었는데 한국으로 치면 2백만 명 이상이 군복무를 하고 있었던 셈이다. 이탈리아의 남성들은 평생 동안 최소 4년을 군대에서 보냈다. 당시 만성적인 전쟁상태에 있던 이탈리아에서 이들의 군생활은 거의 항상 실전상황에서 이루어졌다. 로마와 이탈리아의 병사들은 오랜 실전경험으로 단련된 베테랑 군인들이었다.

이탈리아가 로마에 의해 통합된 후 이탈리아의 강인한 병사들은 로마의 군대로 편입되었다. 동방과 서방의 정복을 완료시킬

동력을 제공한 것이 바로 이 범이탈리아인 출신 중장보병이었다.[9)]

전쟁은 로마인들에게 있어 일상적인 삶의 일부였다. 그래서 그들의 사회는 전쟁을 위해 짜여졌고 무를 숭상하는 문화가 자리 잡았다.[10)] 정치적으로 높은 지위에 오르기 위해서는 군사적 업적이 필수적이었다. 로마 역사상 최고의 부호였던 크라수스가 굳이 말년에 그에게 비참한 죽음을 선사해준 파르티아 원정을 떠난 이유도 그에게 모자랐던 전쟁터에서의 영광을 얻기 위해서였다.

로마인들은 이웃 민족들과 싸우면서 그들의 군사기술을 다듬어갔다. 초기에는 단순히 그리스의 팔랑크스를 모방한 수준이었던 로마군단은 수많은 전투와 패배에서 얻은 교훈을 바탕으로 개조를 거듭해 극도로 효율적인 전쟁기계로 진화해갔다.

로마가 아직 그 도시와 인근지역으로만 이루어져 있을 시기에는 도시국가적 평등이 정치체제에 반영되었다. 기원전 494년 평민들은 당시 정치권력을 독점하고 있던 귀족들에게 부채탕감을 요구했으나 거절당하자 몬테 사크로라 불리는 로마에서 3km 정도 떨어진 언덕에 모여 일종의 동맹파업에 돌입했다. 병사들이기도 한 평민들을 군사력으로 제압할 수 없었던 귀족들은 이들의 요구를 받아들일 수밖에 없었다.

평민들의 부채가 탕감되었을 뿐만 아니라 평민들의 권리를 대변할 호민관직이 만들어졌고 평민들의 의회인 민회가 창설되었다. 만약 이때 로마의 영토가 로마시 주변으로 한정되어 있지 않고 이탈리아반도를 아우를 정도로 넓었다면, 거리상의 제약으로

로마군의 주력 무기로 사용된 글라디우스는 원래 이베리아반도의 켈트인들이 사용하던 무기였다. 아탈리아를 침공한 한니발의 군대와의 싸움에서 이 효율적인 무기를 접한 로마인들은 곧 이것을 받아들였다. 이러한 유연성은 로마인들이 거둔 군사적 성공의 주된 원인 중 하나였다.

인해 평민들이 다 같이 한 장소에 모여 실력행사를 할 수 없었을 것이다. 또한 귀족들이 로마시 이외의 광범위한 지역에서 군대를 끌어와서 평민들의 저항을 억눌렀을 것이다.

높은 사회적 지위를 누린 시민들로부터 공급되어 사기가 높은 데다 전쟁터에서 잔뼈가 굵은 숙련된 병사, 오랜 전쟁을 거치면서 다듬어진 전쟁기술, 무를 숭상하는 사회풍조, 이 세가지가 시너지 효과를 발휘하면서 폭발적인 군사적 팽창이 일어났다. 그 결과 로마는 작은 도시국가에서 지중에 연안 전체를 아우르는 대제국으로 성장했다. 그러나 제국의 지배는 그것을 가능하게 했던 군사적 기반 자체를 잠식해 나갔다.

로마가 정복전쟁에서 유입된 부로 인해 갈수록 부유해지는 동안 농민들의 생활은 오히려 더 어려워졌다. 그 원인이 무엇인지는 분명하지 않지만 여러 가지 요인이 복합적으로 작용했던 것 같다.

농업의 운영을 책임지는 가장이 지속적으로 전쟁에 징집되고 전사함에 따라 야기된 가족경제의 파괴, 값싼 노예노동을 이용하는 대농장과의 경쟁, 정복지에서 들어온 값싼 곡물에 의한 곡물가격의 하락, 이탈리아를 무대로 벌어진 전쟁에 의한 피해 등이 자영농민층이 몰락한 원인으로 지목되었다.

무엇보다 가장 큰 원인은 평민들의 정치권력 상실이었다. 농경사회에서 부의 향방은 누가 국가의 권력조직을 자신에게 유리한 방향으로 움직일 수 있는지와 밀접하게 연관되어 있었다. 수천 년 동안 전 세계의 대부분의 농민들이 가난한 상태를 벗어나지 못했던 것은 그들이 생산한 부를 정치권력을 독점한 지배계급에게 빼앗겼기 때문이었다.

기원전 494년의 동맹파업 이후로도 로마의 평민들은 한동안 조직력에서의 우위가 약한 귀족들을 압박하여 경제적 양보를 얻어냈다. 귀족에게 빚을 진 평민의 채무이자가 내려갔고, 상환기간이 연장되었으며, 고리대금에 처벌이 가해졌다. 또한 개인의

그라쿠스 형제. 농민들을 위한 개혁을 추진하다 귀족들에게 살해당했다.

지나친 토지소유가 제한되었고 새로 정복된 땅이 평민들에게 분배되었다.

기원전 2세기에도 농민들은 정치권력을 행사하여 자신들의 악화되는 경제적 기반을 강화시키려 시도하였다. 여기서 구심점 역할을 한 것이 그라쿠스 형제였다.

호민관 티베리우스 그라쿠스는 기원전 133년 자영농민층의 몰락을 막기 위해 농지법을 상정했다. 이 법의 골자는 개인의 공유지 소유한도를 130헥타르로 제한하고 이 한도를 초과하는 토지는 회수하여 농민들에게 분배하는 것이었다. 농지법은 대토지 소유자인 귀족들의 이익에 반하는 것이었기 때문에 귀족들의 강한 반발을 불러왔지만 지방에서 수도로 올라온 농민들의 지지를 바탕으로 통과되었다.

승리를 거둔 농민들은 생업에 종사하기 위해 그들의 토지로 돌아갔다. 얼마 후 티베리우스는 호민관직에 재선되기 위해 그의 지지자들에게 다시 로마시로 모일 것을 호소했지만 추수철이라 농사일에 매인 농민들은 그의 부름에 응할 수 없었고, 결국 그는 무장집단을 거느린 귀족들에게 살해당했다. 그의 뒤를 이어 농민들을 위한 개혁을 추진한 그의 동생 가이우스 역시 귀족들의 무장집단에게 공격당해 죽음을 맞이했다.

그라쿠스 형제의 패배는 국가의 영역이 확장됨에 따라 가중되는 농민들의 조직력의 한계를 보여준다. 농민들이 로마의 제도와 전통에 따라 로마시에 모여 집중된 힘을 발휘했을 때에는 귀족들의 반대에도 불구하고 자신들의 의지를 관철시킬 수 있었다. 하지만 농민들은 생계를 위해 수도에서 멀리 떨어진 그들의 생활터전으로 돌아가야 했다. 그 사이 그들의 지도자는 무력집단의 폭력에 의해 제거되었다.

도시국가 시대에 평민들의 참정권을 보장하기 위해 만들어진 제도가 있었음에도 불구하고 지방의 농민들은 지리적인 거리로 인해 로마의 정치무대에서 배제되었다.[11)]

정치권력을 잃은 농민들은 그들의 경제적 기반을 지켜낼 수 없었다. 공화정 말기 이탈리아의 농민들이 어떠한 상태에 있었는지는 확실하지 않다. 역사 기록은 귀족들에 의해 작성되었고 귀족들은 무지렁이들의 삶에 별로 관심이 없었다.

확실한 것은 농민들이 점점 더 가난해졌다는 것이다. 군사 제도의 변화에서 이러한 흐름을 읽을 수 있는데, 중장보병이 되기 위한 재산 자격을 충족시키는 시민들의 수가 갈수록 줄어들어 중장보병의 재산기준은 점점 하향되다가 결국에는 완전히 폐지되었다.

농민보병의 피로 이룩된 정복사업의 과실은 대부분 정치권력을 장악한 귀족들에게 돌아갔다. 속주에 관직을 얻으면 정규적인 수입에 더해 뇌물과 유용 등 각종 부정한 방법과 전리품을 통해 막대한 이익을 거둘 수 있었다. 정복과정에서 형성된 공유지는 소수의 부유층에게 집중되었다. 공유지의 대량 소유를 제한하는 법은 무시되었고 국가에 지대도 지불하지 않았다.[12)]

이렇게 모은 재산의 상당 부분은 자영농민들의 토지를 구매하는 데 사용되었다. 곤궁해진 농민들은 더 이상 버틸 재간이 없어지면 그들의 유일한 재산인 토지를 팔 수밖에 없었다. 농민들로부터 토지를 빼앗기 위해 폭력과 위협이 사용되기도 했다. 그리하여 로마에 강인한 병사들을 제공했던 이탈리아의 자영농민층은 귀족들의 탐욕이 미치지 않은 척박한 산지를 제외하고는 사라져버렸다.

토지를 잃은 평민들은 귀족들의 토지에서 소작을 하거나 농장에 임금노동자로 고용되어 생계를 이어갔다.[13)] 평민들은 점점 귀족들에게 정치적으로나 경제적으로나 종속된 상태로 전락해

갔다.

농민들이 예속화되면서 이탈리아의 군사동원력은 현격히 떨어졌다. 기원전 1세기 아우구스트의 휘하에는 60개 군단에 30만 명 이상의 중장보병이 있었는데 이들은 대부분 이탈리아 출신이었다. 그로부터 반 세기가 지난 네로 시대의 중장보병에서 이탈리아 출신의 비율은 50%로 떨어졌고, 다시 반 세기가 지난 트라야누스의 시대에는 20%로 감소했다.[14)]

그 이후로도 이탈리아 출신 병사의 수는 계속 감소하여 15,000명의 친위대로만 그 명맥을 유지하게 되었다. 국경지대에서 멀리 떨어진 채 평화로운 시간을 보낸 친위대의 전투력은 실전에서 별로 쓸모가 없을 정도로 낮았다.

제국의 관료조직은 귀족의 문인화를 가져왔다. 과거의 무를 숭상하는 풍조는 사라졌고 이탈리아인들은 지배계급이나 피지배계급이나 마찬가지로 군대로부터 분리되었다. 그리하여 이탈리아인에 의해 건설된 제국을 방위하는 역할은 이민족 출신의 군인들에게 돌아갔다.

제국의 주인

서기 197년 셉티미우스 세베루스는 루그두눔(오늘날 프랑스의 리옹)에서 황제의 자리를 두고 겨루던 마지막 경쟁자인 알비누스의 군대를 격파하고 제국의 유일한 지배자로 등극했다.

이 사건에서 특이한 점은 이탈리아인에 의해 건설된 제국에서

셉티미우스 세베루스는 로마인에게 멸망당한 카르타고인의 언어가 토착어로 사용된 도시에서 나고 자랐다.

절대권력을 손에 넣은 세베루스나 그에게 황제의 자리를 안겨준 군대나 모두 이탈리아 출신이 아니었다는 것이었다. 이것은 마치 한반도의 낙랑군 원주민 출신 장군이 베트남 출신 병사들의 지원으로 한(漢)나라의 황권을 차지한 것과 비슷한 경우라고 할 수 있다.

셉티미우스 세베루스는 북서아프리카의 원주민 가문 출신이었다. 이 지역은 제국에 중장보병과 당시 최고의 경기병으로 평가반은 누미디아 기병을 공급한 지역이었다.* 세베루스의 병사들은 발칸반도 북부지역 출신이었다. 이 지역은 제국에 가장 강인한 병사들을 제공한 지역이었다.

군에서 이탈리아인의 비중이 줄어들자 군사력에 의해 세워진 이들의 권력 역시 축소되었다. 제국 초기 이탈리아인은 제국에 정복된 다른 민족들 위에 군림하는 지배민족이었다. 군사력이 약화되면서 이탈리아인은 더 이상 다른 민족들을 지배할 수 없게 되었다. 지배민족의 상징이었던 로마 시민권은 점차 속주로 확대되어 결국 제국의 모든 자유민들에게 부여되었다. 이탈리아인들에 의해 독점되던 원로원도 시간이 지나면서 속주 출신들로 채워졌고 2세기부터는 속주 출신들이 다수를 점하게 되었다.

권력의 최정점에 있는 황제의 출신지 변화는 무엇보다도 권력의 향방을 확실하게 보여준다. 아우구스투스에서 네로까지(기원전 29~서기 68)의 율리우스 · 클라우디스 가문은 로마시 출신이었다.

베스파시아누스에서 도미티아누스까지(69~96)의 플리비우스

* 이탈리아 반도에 침입한 한니발이 로마군을 상대로 연전연승을 거둘 수 있었던 것은 그의 천재적인 용병술 덕도 있었지만 누미디아 기병의 역할도 컸다. 한니발이 거둔 최대의 승리인 칸나에 전투에서 로마 기병을 몰아낸 누미디아 기병이 로마군의 후방을 공격함으로써 카르타고군은 로마군을 포위섬멸 할 수 있었다. 로마가 카르타고 본토를 침공한 후 벌어진 자마 전투에서는 정반대의 상황이 나타났는데, 카르타고의 기병을 격퇴한 누미디아 기병이 카르타고군의 후방을 치자 그때까지 로마군과 팽팽하게 맞서고 있던 한니발의 군대는 무너져 내렸다.

가문은 이탈리아의 도시 출신이었다. 이어진 네르바의 2년간의 짧은 통치를 끝으로 황제의 권력은 이탈리아인의 독점에서 빠져나갔다.

이후 여러 속주 출신들이 황제의 자리에 올랐다. 속주 출신으로 처음으로 황제의 자리에 오른 트라야누스에서 마르쿠스 아우렐리우스까지(98~180) 네 명의 황제는 스페인과 남부 프랑스 지방 출신이었다. 이들 두 지역은 군단병에서 이탈리아인의 비중이 떨어질 때 가장 먼저 그 빈 자리를 채운 지방이었다.[15]

흥미로운 사실은 제국에서 가장 부유한 지방인, 따라서 경제적으로는 제국에 가장 크게 기여한 동방의 소아시아(아나톨리아), 시리아, 이집트가 실질적으로 황제를 한 명도 배출하지 못했다는 점이다. 시리아 출신 두 명이 황제가 되기는 했지만 이들은 북서아프리카 출신인 세베루스 가문의 후계자로서 황위에 올랐으니 절반의 의미에서만 시리아 출신이었다고 할 수 있었다.

부에 있어서는 제국의 중심에 있었던 동방이 권력에 있어서는 변두리에 머물렀던 원인은 군사력이 약했기 때문이었다. 농업생산력이 높아 무력집단의 지배가 성립된 지 오랜 시간이 흐른 동방의 민족들은 군사적 기질을 상실한 상태였다. 동방의 군단들은 서방의 군단들에 비해 전투력의 수준이 낮았다.[16]

반면 제국의 서쪽 지역은 제국에 정복되기 전까지는 대부분 호전적인 부족적 사회단계에 머물러 있었다. 부족적 사회의 자유민들은 정예 중장보병이 되기에 가장 알맞은 존재들이었다. 세베루스 가문의 두 황제를 제외하고 동방에서 배출된 유일한 황제인 필리푸스는 척박한 사막지대에서 부족사회를 이루고 있던 아랍인 출신이었다.

서방의 지역들도 제국의 지배 아래 놓인 시간이 길어지면서 군사적 능력이 약화되어 갔다. 이러한 흐름 속에서도 제국에서 가장 가난한 지역이었던 발칸반도 북부에 살고 있던 민족들은 군사적 강인함을 유지했다.

제국의 행정체계는 이 지역으로 깊숙이 침투하지 못했고 과거 부족적 사회에서 행해지던 제도가 상당 부분 소멸되지 않고 이어졌다. 호전적인 부족민들이 거주하는 지역과 제국을 가르는 경계선에 위치한 북부 발칸반도는 제국 내에서 가장 군사적 긴장감이 팽팽한 곳 중 하나였다. 이 지역의 주민들은 자체적으로 군대를 조직해 제국의 군단이 침입자들과 싸우는 것을 도왔다.

용맹함과 사나움으로 이름이 높았던 발칸 북부 출신 병사들은 서방의 다른 지역들이 군사적으로 약화된 상태에서 제국의 전 지역에 대한 군사적 우위를 점하게 되었고, 제국의 권력은 이 후진 지역 출신 장군들의 손아귀에 놓이게 되었다.

세베루스를 황제의 자리에 앉힌 북부 발칸 출신 병사들은 곧 황제를 위해 봉사하는 것에 만족하지 않고 그들 중에서 황제를 선출하기 시작했다. 북부 발칸 출신 장군 데키우스는 249년 그의 병사들에 의해 황제로 추대된 후, 아랍인 출신 황제인 필리푸스의 군대를 격파하고 권좌를 차지했다. 이후 황위는 거의 북부 발칸 출신들에 의해 독점되었다. 이탈리아인들은 자신들이 세운 제국에서 피지배민족의 신세로 전락했다.

기독교를 공인하고 제국의 수도를 그의 이름을 딴 콘스탄티노플로 옮긴 콘스탄티누스도 북부 발칸 출신이었다.

서방제국의 몰락

화석연료에 의해 움직이는 운송수단이 발명되기 이전에는 육지를 통한 운송은 무지막지하게 비용이 많이 들어가는 비효율적인 작업이었다. 반면 바람과 해류가 동력을 제공해주는 해상운송은 훨씬 경제적이었다. 해상운송은 같은 거리를 이동할 때 육상운송의 28분의 1 정도의 비용만 들어갔다.[17] 그래서 이집트에서 생산된 곡물을 지중해를 통해 로마시로 들여오는 것이 이탈리아

내륙지방에서 생산된 곡물을 육상으로 로마시로 옮겨오는 것보다 비용이 더 적게 들었다.

농업생산력이 낮은 서유럽에 중앙집권적 제국이라는 유지비가 많이 들어가는 형태의 정부가 유지될 수 있었던 것은 고대의 고속도로였던 지중해를 통해 농업생산력이 높은 동방에서 생산된 잉여를 서방으로 조달할 수 있었기 때문이었다. 군사력에서 우위에 있던 서방이 동방을 정복하고 그 부를 강탈하여 제국의 지배도구인 상비군과 관료조직을 지탱시켰던 것이다. 당시 제국의 세입에 대한 자세한 수치상의 정보는 알 수 없지만 이집트 한 지역에서 거두어들인 세입이 제국의 전체 세입의 최소 3분의 1에서 많게는 절반 이상을 차지하고 있었다.[18)]

서방의 군사력이 약화되자 동방으로부터 제국을 유지하는 데 필요한 잉여를 빼앗아 올 수 없게 되었다. 3세기 이후 로마시는 더 이상 제국의 권력 중심지가 아니었다.

북부 발칸 출신 장군들은 그들의 군사기지에서 제국을 통치하다가 324년에는 발칸반도에 위치한 콘스탄티노플로 수도를 옮겨버렸다. 이제 동방의 잉여는 로마시가 아니라 콘스탄티노플로 흘러들어갔다. 로마시로 향하던 이집트의 곡물 수송선들은 새로운 로마시로 방향을 바꾸었다. 이후 동방의 잉여로 유지되던 서방의 제국은 필연적인 붕괴를 향해 나아갔다.

농경사회가 군사력을 만들어내는 데는 세 가지 유형이 있었다. 첫째, 부족적 사회단계에서는 평민들이 스스로 무장을 갖추고 자유민 전사로서 전장에 나섰다. 둘째, 지방분권적 사회단계에서는 귀족 전사들이 평민들로부터 착취한 잉여로 값비싼 무장을 갖추고 귀족적 군대를 형성하였다. 셋째, 중앙집권적 사회단계에서는 중앙정부가 평민들로부터 거두어들인 세금으로 평민들을 대규모로 무장시켜 상비군을 조직했다.

제국의 지배 아래 있을 때 서유럽을 외적의 침입으로부터 지켜주었던 것은 이 중 셋째에 해당하는 중앙정부에 의해 운영되는 상비군이었다.

당시 서유럽의 농업생산력은 지방분권적 무력집단을 지탱할 정도밖에 되지 않았다. 동방으로부터의 잉여의 유입이 끊기자 서방의 제국은 막대한 비용을 잡아먹는 상비군과 관료조직을 유지할 수 없었다. 중앙집권적 사회의 방어도구인 상비군은 해체되어 사라져 버렸다.

로마군단이 사라진 빈 자리는 부족적 사회의 자유민군대나 지방분권적 사회의 귀족군대가 채워 넣어야 했다. 그러나 서방제국의 평민들은 이미 귀족들에게 종속되어 자유민 전사로 싸울 수 없는 상태였고 귀족들은 제국의 중앙집권적 통치조직 하에서 문인화되어 군사적인 것과는 거리가 먼 존재로 변해 있었다.

그리하여 서방의 제국은 부족적 사회의 자유민 전사, 지방분권적 사회의 귀족 전사, 중앙집권적 사회의 상비군 중 아무것도 제대로 갖지 못한 군사적으로 완전히 무력한 상태에 빠져들게 되었다.

서방의 군사적 진공상태는 북방의 게르만족을 그 안으로 빨아들였다. 햇빛이 약하고 기온이 낮은 북동부유럽에 거주하던 이들은 이때까지도 부족적 사회단계에 머물러 있었다. 게르만족은 문명의 복잡성이나 세련됨의 측면에서는 로마인들에 비해 한참 뒤떨어져 있어 로마인들에게 야만인으로 경멸받았지만, 자유민 남성 대부분을 병사로 동원할 수 있어 싸우는 일에 있어서는 문약해진 로마인들보다 훨씬 뛰어났다.

초기에 게르만족은 침략자라기보다는 이주민이었다. 이들은 보다 나은 삶의 터전을 찾아, 혹은 난폭한 기마민족 훈족을 피해 허술하게 방어되고 있는 서방제국의 국경을 넘었다. 하지만 해체되어가고 있는 제국이 군사적으로 빈사상태나 다름없다는 사실을 깨달은 이들은 곧 정복자로 변했다. 한때 대제국의 지배자였던 서로마인들은 그들보다 인구가 훨씬 적은 이민족에게 무기력하게 정복당했다.

8

중 세

중 세

암흑시대

부유한 동방의 지역을 차지한 동로마 제국은 서방의 제국이 붕괴된 이후에도 번영을 누렸다. 수도인 콘스탄티노플은 대학교와 10만 권 이상의 장서를 보유한 도서관이 들어선, 인구 50만 명이 넘는 대도시로 성장했다. 제국 곳곳에서 학생들이 학문을 익히기 위해 수도로 모여들었다.

건재한 동방의 제국에게 서방을 장악한 야만족의 군대는 큰 위협거리가 아니었다. 7세기에 아라비아반도에서 칼리프국이 등장하기 전까지 비잔틴 황제들의 주된 걱정거리는 오랜 라이벌이었던 동쪽의 사산조 제국이었다.

서유럽으로 돌아오면, 생산력 낮은 이 지역의 농업은 동방에

537년에 동로마 제국의 수도에 건설된 아야 소피아. 서유럽의 암흑시대는 동로마 제국의 사람들에게는 먼나라의 이야기였다.

서 나타난 것과 같은 복잡하고 세련된 문화를 먹여 살릴 여력이 없었다. 로마인들을 정복하고 지배자로 들어앉은 게르만족은 왕이건 귀족이건 거의 다 문맹이었다. 싸우는 것이 직업이었던 이들은 배우는 데는 별로 관심이 없었다. 이러한 풍토는 전사계급이 지배하는 지방분권적 사회가 해체되기 시작한 중세 말기 이전까지 이어졌다.

461년에 작성된 기록에 따르면 북부 프랑스의 농민들은 파종한 양의 고작 2.7배 정도를 거두어들일 수 있었다.[1] 이 중에 종자로 쓸 만큼을 제하고 나면 실제로 소비할 수 있는 양은 땅에 뿌린 것의 두 배가 채 안됐다. 이렇게 빈약한 경제기반 위에 올려진 사회구조는 가볍고 단순해야 했다. 상비군과 관료조직같이 무거운 짐은 그 위에 실릴 수 없었다.

게르만족이 물려받은 로마제국의 행정체계는 제국의 숨통이 끊어지기 이전부터 이미 와해되고 있었다. 제국 말기에 중앙정부가 가진 지방에 대한 통제력이 약화되면서 지방의 권력은 토지 귀족들의 손으로 들어갔다. 지방의 유력자들은 농민들을 국가가 아닌 자신들 개인에게 종속시켰고 중앙으로 잉여가 흘러들어 가는 것을 차단했다.

토지 귀족들은 자신들의 영향력과 재산을 지키기 위해 스스로 군사집단을 조직했다. 이들 중 일부는 침입자들에 대한 저항을 시도하기도 했다. 하지만 이러한 서방 사회의 재군사화는 너무 늦은 것이었다.[2] 갓 형성되기 시작한 군사력으로는 게르만족의 호전적인 자유민 전사들의 무리를 막아 낼 수 없었다. 만약 서유럽에 좀 더 시간이 주어졌더라면 지방분권적 무력집단에 의한 재군사화로 인해 자신을 방어할 군대를 조직할 수 있었을 것이다.

오늘날의 프랑스와 그 인근 지역을 정복한 프랑크족의 왕국에서는 로마제국 시대의 관료제적 전통과 게르만족의 자유민 전사 전통의 유산이 한동안 살아남아 어느 정도 중앙집권적 성향이 나타났지만 그 정도는 제한적이었다.

프랑크족 왕들은 로마제국의 제도를 모방하여 지방에 관료들을 임명했다. 그러나 로마제국과 달리 프랑크 왕국의 중앙정부는 관료들에게 급료를 지불할 돈이 없었다. 관료들은 보통 지방에 대토지를 소유한 유력자들이었는데 무급으로 관직에 봉사했다.

경제적으로 왕에게 의존되어 있지 않았을 뿐만 아니라 휘하에 무장집단을 거느리고 있던 지방의 유력자들은 자신들의 지역에서 자치적인 영향력 행사했고 왕의 명령에 고분고분 따르지 않았다. 관리들 중 독립적인 경제기반을 갖지 못한 자들은 왕으로부터 수여받은 토지에서 나오는 수입으로 생활했는데, 이들은 보다 순종적이었다.

초기에 프랑크 왕국은 자유민과 반자유민, 그리고 노예라는 3개의 계급으로 나누어져 있었다. 프랑크족들 중 군사집단을 거느린 유력자들은 대토지 보유자로, 일반 부족민들은 소토지 보유농으로 정복지에 자리 잡았다. 이들은 모두 자유민으로 분류되었다. 이들 사이에는 아직 부족적 사회의 평등성이 남아 있어 상부계층과 하부계층이 법적으로 같은 대우를 받았다.

로마인들 중 대토지를 소유한 귀족 출신들도 자유민으로 구분되었다. 반면 인구의 대다수를 차지한 로마인 출신 농민들은 반만 자유로운 신분이었고, 그 밑에는 전혀 자유롭지 못한 노예들이 있었다.[3)]

프랑크족 농민들이 자유로울 수 있었던 것은 이들이 군사력을 소유하고 있었기 때문이었다. 초기에 프랑크 왕국은 과거 부족적 사회의 전통에 따라 자유민 남성에게 군사적 의무를 부과했다.

이들은 무기를 소지할 권리를 가졌고 스스로 무장을 갖추고 전투에 참여했다.

서유럽에 세워진 다른 게르만족 국가들에서도 자유민은 전쟁을 수행하는 자로서 피정복 농민과 구분되었다. 랑고바르드 왕국에서 자유민을 뜻하는 말인 아리마누스는 또한 군인을 뜻했다. 앵글족과 색슨족이 지배하던 잉글랜드에서 자유민은 무기와 함께 매장되었다. 반자유민과 노예의 무덤에는 무기가 포함되지 않았다.[4)]

자유민 병사들은 7세기 초까지 프랑크 왕국의 군대에서 중요한 한 축을 이루고 있었다. 자유민 군대는 병사들인 프랑크족 농민들의 지위뿐만 아니라 그것을 지휘하는 왕의 권위도 강화시켰다. 지방의 권력자들에게 종속되지 않고 왕의 명령권 아래에 있는 이 군사력 덕분에 왕은 미약하나마 중앙집권적 권력을 행사할 수 있었다.

7세기 중반부터 점차 자유민들로부터의 징병이 사라지고 대신 지방의 유력자들과 그들의 무장한 가신들이 군대의 중심이 되었다.[5)] 8세기 초에 이르면 프랑크 왕국의 군대는 귀족들과 그들의 추종자들로 이루어져 있었다.[6)]

612년 툴 전투에서 부르군트 왕국의 군대와 싸우다 희생된 자들은 '굳건한 자들' 이었지만, 715년 프리슬란트인과 네우스트리아인을 상대로 한 전투에서 희생된 자들은 '귀족들' 이었다. 자유민 전사의 전통이 사라지고 지방의 귀족들에게 군사력이 집중되면서 자유민 군대에 의해 뒷받침되던 왕권이 약화되었다.

대관식에서 교황 레오 3세로부터 황제의 관을 받고 있는 샤를마뉴. 겉으로 드러난 화려함과 달리 그의 권력기반은 거대한 상비군을 보유했던 로마의 황제들에 비하면 아주 불안정했다.

8세기 말에서 9세기 초 샤를마뉴라는 정복왕의 등장에 의해 일시적인 왕권의 강화가 일어났다. 계속되는 군사적 승리는 군대에 대한 샤를마뉴의 권위와 통제력을 높여주었다. 그는 정복활동에서 획득한 막대한 부를 이용해 통치기구를 만들었고, 또한 그 부를 귀족들에게 나누어 줌으로써 그들의 충성심을 얻었다.[7] 하지만 상비군과 관료조직이라는 제도적 장치가 아닌 샤를마뉴의 개인적인 권위와 그에 대한 귀족들의 충성심에 의존하는 권력은 그의 후손들에게 이어질 수 없었다. 샤를마뉴의 치세 동안에도 정복전쟁이 끝나고 전리품의 유입이 끊기자 귀족들과 그들의 가신들은 그 전처럼 국왕에 대해 순종적으로 굴지 않았다.[8]

샤를마뉴 시대 이후 왕권은 다시금 쇠퇴의 과정을 이어갔다. 중앙권력의 통제에서 벗어난 지방의 귀족들은 그들의 지역에서 실질적으로 독립적인 지배자로 자리 잡았다.

자유민 군대가 사라지면서 군사력에서 밀려난 자유농민들의 지위도 왕의 권위와 함께 악화되었다. 6세기까지 프랑크 왕국의 자유민 소농들은 유력자들로부터 독립적인 상태에 있었다. 당시의 기록에서 자유민이 누군가에게 지대나 노동을 제공했다는 언급은 찾아볼 수 없다.

군대가 귀족들과 그들의 추종자들로 채워지기 시작한 7세기부터 자유민 소농들은 유력자들에게 종속되어 갔다. 그들은 유력자들에게 지대와 노동력을 바치는 소작농으로 변해 갔다.[9] 소작농이 된 자유민과 원래부터 소작농이었던 비자유민 사이의 경계는 흐릿해져 갔다.

이때부터 자유민 유력자들을 칭하는 데 귀족이란 용어가 사용되기 시작했으며, 이들이 자유농민계층과 법적으로 분리되어 특권적인 대우를 받기 시작했다. 이전까지 유력자들과 법적으로 동등한 지위를 누렸던 자유농민들은 열등한 위치로 강등되었다.

8세기 카롤링거 왕조 초기만 하더라도 상당수의 자유민 소농이 존재했다. 그러나 9세기에 이르면 대부분의 자유농민들은 그들의 자유를 잃고 비자유민의 대열에 합류해 있었다.

자유농민, 반자유민, 노예는 사실상 예속적 농민이라는 하나의 부류로 통합되었다.[10] 농민들은 군사력을 독점한 전사귀족들의 지배를 받는다는 점에서 평등해졌다.

기사들이 지배하는 사회

그리하여 당시 서유럽의 농업생산력에 걸맞은 지방분권적인 봉건적 사회가 나타났다. 이 사회에서는 동시대의 동양에서 일반적이었던 전제적 왕권과는 달리 권력이 분산되어 있었다.

이러한 차이는 유럽인들 특유의 압제를 싫어하는 기질이나 혹은 다른 어떤 특별함에서 비롯된 것이 아니라 농경에 불리한 환경 때문에 농업생산력의 발전이 늦어진 것에 그 원인이 있었다. 서유럽의 낮은 농업생산력은 중앙집권적인 지배가 성립되는 데 필요한 상비군과 관료조직을 지탱할 수 없었다.

부유한 동양의 문명들에서도 과거 농업생산력이 낮았던 시기에는 지방분권적 사회가 나타났지만 그 시대는 이미 오래 전에 지나가 있었다. 예를 들어 중국에서는 서유럽보다 2천 년 정도 앞서서 서유럽에서 나타났던 것과 아주 유사한 형태의 봉건적 사회가 형성되었다.

중세의 서유럽이나 동시대의 동양이나 정부가 운영되는 방식은 달랐어도 그것의 근본적인 원리는 동일했다. 바로 폭력이었다.

중세 서유럽을 지배하던 자들은 전사계급이었다. 이들은 견고한 성채에 거점을 두고 군사력을 통해 주변 지역을 지배했다.

우리에게 익숙한 말을 탄 기사는 9세기 이후에야 널리 퍼졌다. 그 이전까지는 귀족들도 주로 보병으로 싸웠다. 자유민 전사들이 주축을 이루었던 초기 프랑크 왕국의 군대는 거의 전적으로 보병이었다. 가난한 자유민 병사들은 방어장비를 거의 갖추지 않고 전장에 나갔다. 갑옷은 고사하고 투구를 쓴 자도 많지 않았다. 이 시기에 프랑크족과 전투를 치른 비잔틴 사람들은 이들을 반쯤 벌거벗은 보병으로 묘사했다.

군대의 귀족화가 진행되면서 값비싼 장비인 중장갑과 말의 사용이 늘어났다. 그러나 8세기까지는 과거의 보병중심적인 성향이 이어졌다. 프랑크족 기병들은 말을 타고 전장으로 이동한 뒤 말에서 내려 보병으로 싸웠다.[11]

732년 투르에서 무슬림의 군대를 저지한 것은 얼음 방벽처럼 굳건하게 늘어선 중장보병의 대열이었다. 바다에 의해 분리되어 대륙에서 일어난 변화가 느리게 전파됐던 영국에서는 이러한 전투방식이 11세기까지 이어졌다. 1066년 헤이스팅스 전투에서 말에서 내려와 방패의 벽을 형성한 앵글로색슨족 중장보병들은 노르만족의 기사군대를 거의 격퇴할 뻔했었다.

동방에서 전해진 등자는 기수가 말 위에서 보다 안정적으로 무기를 휘두를 수 있게 해주었다. 등자에 의해 말에 단단하게 고정된 기병은 말의 속도에서 나오는 운동에너지를 그대로 그들의 무기에 실어 적에게 전달할 수 있었다.

철갑을 두른 기사들의 무리가 맹렬한 기세로 돌진하여 적에게 부딪히면 방어 장비를 제대로 갖추지 못하고 훈련수준이 낮은 군

헤이스팅스전투에서 앵글로색슨족 중장보병들을 공격하는 노르만족 중장기병들. 노르만족의 영국정복 직후 만들어진 바이외 테페스트리의 한 부분이다.

대는 보통 그 충격을 견뎌내지 못하고 무너져버렸다. 그래서 기사군대는 허술하게 무장을 갖춘 농민들을 상대하는 데 특히 효과적이었다.

기사군대는 그것의 돌격을 버텨낼 수 있는 중장보병이나, 더 빠른 기동력으로 돌격을 회피해버리는 기마궁수를 상대로는 별로 효율적이지 못했다.[12] 유목민족인 마자르족은 10세기 초에 반

세기 동안 거의 매년 서유럽을 제집처럼 드나들며 약탈하고 다녔다. 유럽의 기사들은 처참한 패배를 거듭하다가 955년 레히펠트 전투에서 겨우 이들을 저지할 수 있었다. 기사들은 바이킹의 중장보병을 상대하는 데에도 어려움을 겪었다.

그러나 어찌 됐든 기사군대는 농민들을 도륙하는 데는 재능이 있었으니 농민들을 억누르고 착취하는 데는 문제가 없었다. 군사적으로 무력화된 농민들의 지위는 아주 낮았다.

귀족 영주들은 단순한 지주가 아니라 농민들의 '주인'이었다. 농민들은 주인의 허락 없이는 그들이 속한 땅을 떠날 수 없었고 결혼도 할 수 없었다. 농민들은 영주에게 각종 세금을 바쳐야 했을 뿐만 아니라 영주가 요구하는 각종 노역과 명령을 수행해야 했다.[13]

때로는 억압적인 지배에 대한 불만이 폭발하여 반란이 일어나기도 했지만, 그것은 언제나 잔인한 보복으로 결말지어졌다. 영주들은 반란을 일으킨 농민들을 "몇몇 사람들의 이빨을 뽑아 버리고, 일부는 몸에 말뚝을 박아 죽이고, 눈알을 빼고 팔목을 자르고, 농민 모두에게 오금을 불로 지지고, 이들은 이렇게 죽어갈지 모르지만 살아 있는 다른 사람은 화형에 처해지거나 끓는 납 속에 던져졌다."[14]

악행에 대한 참회 때문이었는지, 혹은 죽은 후에 받을 심판이 두려워서였는지 귀족들과 왕들은 교회에 후한 기부를 아끼지 않았다. 덕분에 이 시대에 교회는 아주 부유했다. 영국에서는 교회가 전체 토지의 20-25% 정도를 소유하고 있었다.[15]

교황 이노센트 3세가 카타리파를 파면했고(좌) 북부 프랑스의 귀족들이 이들을 학살했다(우).

중세 유럽은 합리적인 것과는 거리가 먼 극도로 종교적이고 미신적인 사회였다. 종교적 광기는 자주 폭력이라는 형태로 표출되었다. 잘 알려진 동방으로의 십자군은 사실 전체 십자군 중 일부에 불과했다. 프랑스인들이 같은 프랑스인들을 상대로 십자군 전쟁을 벌이기도 했다.

1208년 교황 인노텐시오 3세는 당시 프랑스 남부에서 세력을 넓혀가고 있던 카타리파를 토벌할 십자군을 결성할 것을 호소했다. 프랑스 북부의 귀족들에 의해 결성된 십자군은 최대 1백만 명에 이르는 남부 프랑스인들을 학살했다. 희생된 사람들 중에는 카타리파와 관계없는 자들도 많았다. 몰수된 재산과 토지는 십자군에 참가한 귀족들에게 주어졌는데, 이것은 이들이 십자가의 이름 아래 검을 뽑아든 주된 이유 중 하나였다.

이론적으로는 신권이 세속적인 권력보다 위에 있었으나 현실은 이와 달랐다. 공작들과 백작들은 그들의 영토 내의 주교들과 수도원장들에게 영향력을 행사했고, 일개 전사에 불과한 소영주들도 그들의 영지 내에 위치한 교회의 사제들을 마음대로 임명하고 교체했다.[16] 사실 교회라는 조직 자체가 귀족들에 의해 장악되어 있었다. 교회의 높은 자리는 귀족 출신들이 독차지했다.

지방의 귀족들을 고분고분하게 만들 군사력을 소유하지 못한 왕의 권력은 그의 영지 밖으로 거의 뻗어나가지 못했다. 독자적인 군대를 소유한 지방의 귀족들은 자신들의 영지를 독립적으로 지배했다. 왕은 자신의 영지에서 나온 수입으로 생활했다는 점에서 그의 신하인 영주들과 크게 다르지 않았다.

프랑스 카페왕조(987-1328)의 창시자인 위그 카페는 대영주들에 의해 국왕으로 선출되었다. 그의 영지는 파리와 오를레앙 주변의 작은 지역으로 한정되었고, 국토의 대부분은 그의 강력한 신하들의 통제 하에 있었다.

그러나 어쨌든 국왕은 국가의 수장으로서 상당한 권위와 권한을 부여받아 영주들보다 우월한 위치에 있었다. 또한 국왕은 후에 농업생산력이 증가하면서 일어난 권력의 집중화에서 가장 큰 혜택을 받았다. 위그 카페의 후손들은 이를 이용해 그들의 영향력을 꾸준히 확장시켜나갔다.

유럽 내에서도 정부의 형태는 각 지역에 따라 다른 발전양상을 보였다. 전체적으로 보면 햇빛이 강하고 기온이 높은, 그래서 토지가 더 많은 산물을 제공했던 남쪽으로 갈수록 중앙집권적인 성향이 강했다. 반대로 북쪽으로 올라가서 태양과 멀어질수록, 또는 동쪽으로 나아가서 따뜻한 대서양과 멀어질수록 무력집단의 발전과정이 늦어졌다.

가장 남쪽에 위치한 이베리아 반도와 남부 이탈리아에서는 로마제국이 붕괴된 후에도 도시를 중심으로 한 행정체계가 살아남았다. 유럽에서 중앙집권적인 절대왕정의 시대를 가장 먼저 연 것은 이베리아반도에서 자라난 스페인이었다.

유럽의 최북단에 위치한 스웨덴에서는 17세기까지 자유민 전사의 전통이 남아 있었다. 인구가 90만 명에 불과했던 스웨덴이 독일과 폴란드, 러시아 같은 대국의 군대를 격파하고 유럽의 군사열강 중 하나로 떠오를 수 있었던 것은 자유농민계층으로부터 공급된 강인한 병사들 덕분이었다.

동유럽에서는 16세기가 되어서야 지방분권적 무력집단의 지배력이 가장 강한 상태에 이르렀다. 이는 서유럽보다 500년 이상 늦은 것이었다. 그래서 동유럽에서는 서유럽에서 봉건제적 질서가 허물어지면서 농민들이 농노의 상태에서 거의 벗어나 있던 15세기에서 16세기 사이에 오히려 농민들의 농노화가 진행됐다.

백년전쟁

1346년 8월 26일 프랑스의 왕 필리프 6세가 이끄는 군대는 크레시 인근에서 영국군과 마주쳤다. 프랑스군에는 12,000명 정도의 기사와 6,000명 정도의 제노아인 석궁병이 있었고 그 뒤를 숫자를 알 수 없는 허술하게 무장한 농민 징집병들이 따르고 있었다. 영국군은 2,500명 정도의 기사와 7,000명 정도의 장궁병, 3,000명 정도의 창병으로 구성되어 있었다. 영국군의 주축을 이룬 것은 평민으로 구성된 보병이었다. 영국군 측에서는 기사들도 말에서 내려 보병으로 싸웠다.

미리 도착해서 기다리고 있던 영국군과 달리 프랑스군의 병사들은 오랜 행군 끝에 지쳐 있었다. 지휘관들의 조언을 들은 후 필리프 6세는 하루 동안 병사들에게 휴식을 주고 다음날 전투를 개시하기로 결정하였다.

그러나 오만하고 자신들의 무용을 과신한 귀족기사들은 압도적인 수적 우위에 승리를 확신하여(이들은 영국군의 주축을 이루고 있는 평민출신 보병들을 군대로 보지도 않았다.) 왕의 명령을 따르지 않고 영국군을 향해 전진해 나갔다. 가장 앞 열에 있던 제노아인 석궁병들은 이에 반강제적으로 영국군 쪽으로 떠밀려 갔다.[17] 군대가 통제를 벗어난 것을 깨달은 필리프 6세는 하는 수 없이 공격을 결정하였다.

전투는 제노아인 석궁병들의 공격으로 시작되었다. 행군하는 동안 내린 비로 석궁의 줄이 물에 젖어 이들의 무기는 제 위력을 발휘하지 못했다. 게다가 영국군이 완만한 경사의 언덕 위에 있었기 때문에 지형도 이들에게 불리했다. 제노아인들이 쏜 볼트는 영국군 진형에 거의 다다르지도 못한 반면 영국의 장궁병들이 쏜 화살은 제노아인들의 머리 위로 비처럼 쏟아져 내렸다. 많은 사상자를 낸 석궁병들은 뒤로 물러났다.

무질서한 무리를 이룬 채 뒤에서 이를 지켜보고 있던 프랑스의 기사들은 석궁병들의 후퇴를 항명으로 여겼다. 이들은 영국군에게 달려들기 위해 앞으로 나아가면서 이 '쓸모없는 겁쟁이'들을 베어넘겼다. 전진하는 기사들이 후퇴하는 석궁병과 서로 뒤엉킨 가운데 같은 편을 살육하는 일대 난장판이 벌어졌다.

이후 프랑스의 기사들은 그들의 전통적인 싸움방식대로 영국군에 십여 차례 넘게 돌격을 감행했으나 규율이 잘 잡힌 영국군 보병의 방어진형을 무너뜨리지 못한 채 피해만 누적되어 갔다. 해가 진 이후까지 이어진 전투가 끝났을 때 들판은 프랑스군의 시신과 부상자들로 가득했다. 반면 영국군이 입은 피해는 가벼운 수준이었다.

이 전투에서 프랑스의 기사군대는 영국의 평민보병에게 완벽한 패배를 당했다. 8세기 이후 유럽을 지배해오던 귀족군대에 대한 평민군대의 이러한 승리의 이면에는 수백 년에 걸친 농업생산력의 발전이 있었다.

서기 제1천년기 말까지 서유럽의 농민들은 땅을 긁고 지나가는 가벼운 쟁기를 사용했다. 기원전 제6천년기부터 서남아시아에서 사용되기 시작한 이러한 형태의 쟁기는 남쪽 지역의 건조하고 부드러운 땅에 적합했다. 철기제조술이 발명된 이후에는 보습 부분에 철이 사용되어 유럽과 같이 토질이 보다 습하고 단단한 지역들의 땅을 갈기에 용이해졌고, 이는 이 지역들에서 농업생산력의 비약적인 발전을 가져왔다. 예를 들어 기원전 10세기까지는 북부 이탈리아의 에트루리아 문명에서 규모가 가장 큰 거주지도

크레시 전투에서 프랑스 편에서 싸우다 희생된 보헤미아의 국왕 얀에게 경의를 표하고 있는 영국의 흑태자. 실명한 상태였던 얀은 말에 자신의 몸을 묶은 뒤 영국군을 향해 돌진했다.

10헥타르 안팎의 규모를 가지고 있었다. 그런데 제철술이 전해진 기원전 9세기에 이르면 크기가 100에서 200헥타르에 이르는 도시들이 등장했다.[18] 철제도구와 철제쟁기의 사용으로 농업생산력이 급격하게 증가한 결과였다.

하지만 이 철제쟁기도 여전히 그 기본적인 구조에 있어서는 건조한 지역에서 사용되는 가벼운 쟁기와 큰 차이가 없었고 북부 유럽의 더욱 습하고 단단한 점토질 토양을 갈아엎을 만큼 충분한 힘을 땅에 가하지 못했다. 때문에 서유럽에서 이 가벼운 철제쟁기가 사용되는 동안에는 상대적으로 습기가 적은 높은 지대만이 경작될 수 있었고, 토양이 더 비옥하지만 습기가 많은 저지대는 개발되지 않은 상태로 남아 있었다.

서기 1000년경부터 볏(흙을 뒤집는 역할을 하는 쟁기의 일부분)을 갖춘 무거운 쟁기가 널리 퍼지기 시작했다. 서유럽의 농민들은 습하고 단단한 점토질 토양을 깊게 갈아엎을 수 있는 이 새로운 형태의 쟁기를 사용해 비옥하지만 습기가 많은 토양으로 경작지를 확장시킬 수 있었다.

종종 이 무거운 쟁기의 도입은 엄청난 기술적 혁신으로 치켜세워지지만 사실 무거운 쟁기는 완전히 새로운 발명품이 아니라 기존의 가벼운 쟁기에 기술적 조정이 가해져서 만들어진 것이었다.[19] 단단한 땅의 저항력을 견딜 수 있는 철을 다룰 줄만 알면 무거운 쟁기를 만드는 것은 그리 어려운 일이 아니었다.

인도와 중국에서는 철기제조술이 전해진 이후 습기가 많은 비옥한 토양으로 농경의 확장이 일어났다.[20] 그 결과 두 지역에서는 비슷한 시기에 중앙집권화된 국가들이 나타났다.

인도에서는 볏이 달린 무거운 쟁기가 사용되지 않았다. 인도의 토양은 무거운 쟁기가 필요할 만큼 습하지 않았기 때문이다. 또한 인도처럼 햇빛이 강한 지역에서는 땅을 깊게 갈면 토양이 수분을 상실해 오히려 생산력이 감소했다.

전국시대에 중국에서 사용되던 쟁기는 볏이 달리지는 않았지만 유럽에서 사용되던 가벼운 쟁기와 달리 보습이 끝이 날카로운 삽 모양으로 생겼고 더 견고한 구조를 가져 토양을 가르고 엎을 수 있었다.[21] 한나라 시대에 이르면 볏이 달린 무거운 쟁기가 보

무거운 쟁기를 사용하여 밭을 갈고 있는 중세 유럽의 농민. 쟁기를 끄는 말들에게 중국에서 전해진 어깨에 거는 마구가 착용되어 있다.

급되었다.

유럽에서도 로마시대의 갈리아에서 흙을 뒤집어엎을 수 있는 무거운 쟁기가 사용되었고, 북부독일의 습지대에서는 1세기에 이미 볏을 갖춘 쟁기가 사용되었다.[22)]

서유럽에서 이미 오래 전에 등장했던 무거운 쟁기가 1000년경에 이르러서야 널리 퍼지기 시작한 이유는 농업생산력이 낮아 인구 증가가 느렸기 때문이었다. 중국에서는 전국시대에 들어서면 이미 인구밀도가 높아 농지가 매해 쉬지 않고 경작되었고 휴경지[23)]가 사라졌다. 이처럼 인구의 압력이 높은 상황에서는 가능한 혁신을 빠르게 적용하여 습한 토양을 개간하고 토지의 생산성을 높여야했다. 반면 서유럽에서는 인구의 압력이 중국처럼 크지 않았다. 가벼운 쟁기로 경작할 수 있는 건조한 토양을 가진 땅만으로도 당시의 인구를 먹여 살리기 충분했던 시기에는 굳이 여러 마리의 가축이 필요한 값비싼 무거운 쟁기를 사용해 습기 많은 땅을 경작할 필요가 없었다. 1000년경이 되어서 인구가 건조한 토지만으로는 부양할 수 없는 수준에 이르자 비로소 무거운 쟁기가 필요한 습한 토지가 본격적으로 개발되기 시작했다.[24)]

이 시기부터 또한 철제농기구가 널리 사용되기 시작했다. 8-9세기 카롤링거 왕조 시대까지만 하더라도 대부분의 농기구는 나무로 만들어졌다. 당시에는 철이 워낙 귀해서 대장장이가 금세공인처럼 희귀한 금속을 다루는 직업으로 취급되었다.[25)]

그 외에도 여러 농경기술의 개선이 있었다. 삼포제가 도입되어 휴경지의 비율이 1/2-2/3에서 1/3로 줄어들었다. 또한 중국에서 전해진 어깨에 거는 마구가 흉골에 걸어 말의 기도를 죄는 마구를 대체하여 말의 끄는 힘을 네 배에서 다섯 배 정도 효율적으로 이용할 수 있게 되었다.

이러한 기술적인 향상에 더해 중세온난기로 불리는 따뜻한 기후가 이어져 단위면적당 생산량과 경작면적 모두 괄목할 만한 수준으로 늘어났다.

13세기 프랑스와 영국에서 밀의 파종량 대비 수확량의 비율은 1:4 정도였고 헥타르당 생산량은 480kg 정도였는데, 이는 생산량을 놓고 봤을 때 11세기 초와 비교해서 약 50% 정도 늘어난 수치였다. 과거 광활한 숲으로 덮여 있던 지역에서 나무가 베어지고 습지가 배수되어 농경지로 바뀌었다. 단위면적당 생산량 향상에 경작면적의 증가가 더해져 11세기 초에서 13세기 말까지 서유럽의 인구는 약 3배로 증가했다.

인구가 늘어나 더 많은 병사들을 동원할 수 있게 되었고, 또한 보다 부유해져 더 나은 무장을 갖출 수 있게 된 평민들의 군사적 역량은 과거보다 훨씬 강력해졌다. 이에 따라 평민들에 대해 가졌던 귀족 전사들의 군사력의 우위가 흔들리기 시작했다.

기사들의 돌격이 평민보병의 창끝에 막혀 고꾸라진 것은 크레시 전투가 처음이 아니었다. 그 이전에도 도시라는 좁은 공간에 모여 사는 특성으로 인해 시골에 흩어져 있는 농민들보다 조직력에 있어 월등한 이점을 가지고 있었던 도시민들은 스스로 조직한 군대로 귀족군대를 물리쳤다.

이러한 승리의 최초의 예는 농업생산력의 발전이 빨랐던 북부 이탈리아에서 나타났다.[26] 1176년 장창과 갑옷으로 무장한 롬바르드 도시연합의 시민 보병들은 밀집방진으로 독일 제국 기사들의 돌격을 막아 내고 그들의 자유를 지켜냈다.

북부 이탈리아와 함께 당시 유럽에서 가장 도시화된 지역이었던 플랑드르 지역의 잘 무장된 수공업자들은 1302년 그들을 굴복시키기 위해 진군해 온 프랑스의 귀족들을 무자비하게 도륙했다. 대원수, 대법관, 공작, 백작 등 지극히 고귀한 혈통을 가진 이들이 직조공, 양말제조인, 모직물가공인 등 평범한 사람들의 손에 목숨을 잃었다.[27]

프랑스의 기사들과 싸우고 있는 플랑드르인 보병들. 이 전투에서 목숨을 잃은 귀족들은 값비싼 황금박차를 착용하고 있었는데, 플랑드르인들은 이를 모아 인근의 교회에 봉헌했다. 그래서 이 전투는 황금박차 전투라고도 불린다.

강화된 평민들의 군사적 역량은 중앙권력에 의해 차출되었다. 작은 국가규모로 인해 중장기병을 프랑스의 6분의 1밖에 동원할 수 없었던 영국은 부족한 전력을 메우기 위해 보병에 의존해야 했다.[28] 영국의 군대는 스코틀랜드와 웨일즈 산악지대의 강인한 보병군대와 지속적으로 전투를 치르면서 이들의 전략과 장비를 받아들였다.[29]

국왕은 일정 수준 이상의 재산을 가진 부유한 평민들에게 자비로 무장을 갖추게 하여 그의 군대에 편입시켰다. 출신이 변변치 못한 이 보병들은 오만한 귀족들과 다르게 상급자의 명령을 잘 따랐기 때문에 효율적인 전술을 구사하기에 용이했다.

프랑스는 당시 유럽에서 최고로 평가받는 중장기병을 보유하고 있었는데 이것이 오히려 독이 되었다. 기존의 군대를 가지고 이미 잘 나가고 있었기 때문에 새로운 군사적 자원을 도입할 필요성을 별로 느끼지 못했던 것이다. 구식 군대에 매달리고 있던 프랑스는 영국의 신식 군대에 참패를 거듭하여 국토가 유린당하는 비극을 겪은 이후에야 여기서 쓰라린 교훈을 얻어 필요한 조치를 취했다.

1439년 국왕에게 프랑스 최초의 상비군이 주어졌고, 또한 그것의 유지를 위해 전국적인 세금을 부과할 권한이 부여되었다. 전문적이고 규율 잡힌 군대를 얻은 프랑스는 곧 영국의 침략군을 그들의 국토에서 몰아냈다.

절대왕정

새로운 형태의 군대는 곧 유럽 전역으로 퍼져나갔다. 더 우월한 군사제도를 받아들이는 것은 선택이 아니라 생존의 문제였다. 18세기까지 귀족기병에 의존한 폴란드처럼 변화에 뒤처진 국가는 외국 군대에게 정복당해 지도상에서 사라져버렸다. 프로이센은 30년 전쟁 동안 스웨덴의 군대에게 짓밟힌 후 국왕에게 강력한 상비군을 쥐어주었다. 이 변방의 소국은 약 2세기 후 독일 전

강한 기병전통을 가진 폴란드는 1939년 독일의 침공을 받았을 때에도 전체 군대의 10%가 기병으로 이루어져 있었다. 폴란드인들은 용감하게 싸웠지만 독일의 기계화된 군대를 막아낼 수 없었다.

역을 통일했다.

강력한 군대를 손에 넣은 유럽의 군주들은 약 2천 년 전 전국시대 중국의 군주들이 그랬던 것처럼 끊임없이 전쟁을 일으켰다. 1500년에서 1700년 사이의 기간은 유럽 역사상 가장 호전적인 시기였는데, 이 시기 동안 전쟁이 없었던 해는 다 합해서 10년 정도에 불과했다.[30]

주변국들과의 군사력 경쟁에서 뒤처지지 않기 위해 각 국가들은 경쟁적으로 군대의 규모를 늘려나갔다. 유럽 주요 국가들의 군대규모는 1530년과 1710년 사이에 10배로 증가했다.[31]

군대의 규모가 커질수록 그것을 통제하는 국왕의 권력도 증대되었다. 과거 지방에서 독자적인 지배자로 행세하던 귀족들은 중앙권력에 복속되었고, 그들의 자리를 대신하여 왕의 통제를 받는 관료조직이 들어섰다. 거대한 국가 권력기구의 정점에 선 왕은 유일한 정치적 권위의 원천이 되었다. 이른바 절대왕정의 시대가 시작된 것이다.

유럽에서 절대주의의 시대를 연 것은 가장 남쪽에 위치해 농업생산력이 높았던 스페인이었다. 16세기 카스티야*의 몇몇 농장에서는 밀의 파종량 대비 수확량이 8배에서 9배 정도였는데 이는 당시 유럽에서 가장 높은 수준이었다.[32] 1500년 무렵 영국과 프랑스의 수확량은 파종량의 5배를 조금 넘는 정도였고 독일에서는 이 수치가 5배 아래였다.[33]

15세기 중반까지 규모가 크지 않았던 스페인 왕실의 군대는 그 세기 후반부터 급속하게 팽창하기 시작했다. 1503년 체리놀라에서 프랑스군을 격파한 이후 스페인은 약 140년에 걸쳐 유럽에서 군사적 패권을 유지했다. 이는 스페인이 북쪽의 경쟁국들보다 더 많은 자원을 투입해 몇 배 이상 규모가 큰 군대를 유지함으로써 가능했다. 17세기 초 스페인의 왕정은 30만 명에 이르는 군인들에게 급료를 지불하고 있었다.

군대의 팽창과 함께 국왕의 관료조직도 확장되었다. 15세기 스페인에서 한 줌에 불과했던 교육받은 관료계층은 단순한 사무

* 이베리아 반도에 위치했던 왕국이다. 훗날 스페인의 모체가 되었다.

원 정도의 대접을 받았다. 15세기 후반 이후 관료계층은 그 규모와 부와 지위에 있어 괄목할 만한 상승을 경험했다. 왕의 권력이 지방으로 확산되면서 새로운 관직이 여기저기 생겨났는데, 16세기 동안 관료의 숫자는 3배로 증가했다.

관료들의 부와 위신이 올라가자 관료가 되는 데 필요한 고등교육이 출세를 위한 주요 통로가 되었다. 1641년에 한 관료가 말하길 "과거에 대귀족들이 배운 자들 위에 있었다면, 지금은 배운 자들이 대귀족이 되었다."[34)]

군대와 관리들을 먹여 살리는 부담은 주로 카스티야의 납세자들의 어깨 위에 지워져 있었다. 아메리카로부터의 은의 유입이 왕실 재정에 큰 도움이 되었지만, 은의 유입이 정점에 달했을 때에도 그것의 가치는 카스티야에서 거두어진 세금의 1/3 아래였다.[35)]

전체 인구의 10%에 이르는 귀족들과 3% 정도인 사제들은 납세에서 면제되었다.[36)] 가장 부유한 자들이 빠져나간 자리는 농민들과 다른 생산자들이 메워야 했다. 17세기 카스티야의 납세자 개개인이 짊어진 세금부담은 위세 높았던 태양왕 시대의 프랑스보다도 무거웠다.[37)]

중앙집권적 무력집단의 육중한 덩치에 짓눌린 스페인의 경제는 정체상태에 빠져들었다. 펠리페 2세의 치세기(1556-1598)는 종종 스페인의 황금기로 일컬어진다. 그러나 아이러니하게도 제국의 위세와 영향력이 최고조에 다다랐던 그의 치세기는 또한 긴 경기침체가 시작된 시기이기도 했다. 이후 스페인은 북쪽의 경쟁

엘 에스코리알은 기독교 세계의 중심지로서의 스페인의 영광을 나타내는 건축물로 계획되었다.

국들에게 경제적으로 뒤처지게 되었고 과거의 위세를 다시 회복하지 못했다.

16세기 후반 세금이 급격히 증가하자 이를 견디지 못한 농민들은 빚에 빠져 그들의 토지를 부유한 귀족들과 성직자들에게 넘길 수밖에 없었다. 이들 특권계급은 전체 토지의 3분의 2 이상을 소유하게 되었다. 국가권력의 비호를 받은 지주들은 농민들에게 과거보다 훨씬 더 많은 지대를 받아냈다. 국가와 지주에게 뜯기고 나면 농민들에게는 생산성을 높이기 위해 농업에 투자할 만한 자본이 거의 남지 않았다.

중앙권력에 의해 제공된 관직을 차지하면 권력과 막대한 부를 동시에 손에 넣을 수 있었다. 이 일확천금에 비하면 농업경영을 통해 생산성을 높임으로써 얻을 수 있는 이익은 초라한 수준이었다. 예를 들어 베나벤테 지역의 백작은 그의 수입 중 74%를 그의 관직으로부터 얻었고 지대에서 얻는 비중은 13.5%에 불과했다. 때문에 토지의 대부분을 차지한 특권계급의 관심은 온통 나라에서 한자리 차지하는 데 쏠려 있었다. 지주들은 그들이 가진 자원을 농업에 투자하는 대신 국가관직을 둘러싼 정치노름에 갖다 바쳤다.[38)]

이렇듯 농민들은 농업에 투자할 여력 자체가 없었고 지주계급은 농업경영을 등한시하니 농업생산력이 개선될 여지가 없었다. 스페인의 농업생산력의 정체상태는 인구변화에서 잘 드러난다. 무슬림들이 이베리아반도의 중남부를 지배하던 시절인 서기 1000년경 알 안달루스*의 인구는 1천 만 명에 달했다.[39)] 스페인의 인구는 1800년경이 되어서야 이때의 수준에 다시 이르렀다.

보이지 않는 손

농업생산력이 거의 무한한 시간 동안 발전 없이 제자리에 머무는 현상은 무력집단이 지배하는 농경사회에서는 특이할 것이 없는 으레 있는 일이었다. 특별한 기술적인 혁신이 나타나지 않으면 농부들은 수천 년 동안 아무런 증가도 없이 고만고만한 양

* 이베리아 반도에 존재했던 무슬림의 영토.

을 땅에서 거두어 들였다.

메소포타미아의 건조하고 무른 토양은 나무와 돌로 만들어진 도구만으로도 수월하게 다룰 수 있었다. 그래서 이곳에서는 금속 기술이 개발되어 나타난 더 단단한 도구들이 땅의 생산성을 높이는 데 별 영향을 끼치지 않았다. 비유하자면 모래바닥 위에 그림을 그리는 데는 나무 막대기면 충분하지, 쇠막대기를 쓴다고 해서 더 좋은 그림이 나오지 않는 것과 비슷한 이치였다.

이 지역의 농민들은 20세기에 들어선 이후에도 그들의 선조들이 까마득한 옛날부터 사용하던 가벼운 쟁기로 밭을 갈았다. 관개작업이 도입되어 큰 폭의 수확량의 증가가 나타난 이후 수천 년 동안 메소포타미아의 농업은 그 기술적인 바탕에 큰 변화가 없었고 따라서 농업의 생산성은 제자리걸음에 머물렀다.

우르 제3왕조(기원전 2112-2004) 시대에 평균적인 보리 생산량은 헥타르 당 1,000kg 정도였는데, 이로부터 약 4천 년이 지난 20세기 중반 이라크 정부가 집계한 수확량 통계를 보면 이와 별반 다르지 않았다.[40)]

중국 북부 황토평원 지대 중 습한 지역은 나무나 돌로 만들어진 가벼운 쟁기로 갈아엎기에는 토질이 무겁고 단단했다. 때문에 제철술이 전해지기 전까지는 건조한 토양을 가진 지역만이 경작되었다. 기원전 제1천년기 중반 제철술이 중국에 전해져 철제쟁기와 철제농기구가 도입되자 그동안 미개발상태로 남아 있던 습하고 비옥한 토양으로 농경의 확장이 일어났고 그 결과 괄목할 만한 농업생산력의 증가가 나타났다. 이후 한나라 시대부터는 볏

한나라 시대의 무덤에 묘사된 쟁기질 하는 농부.

이 더해진 무거운 쟁기가 사용되었고, 중국의 농업생산력은 대제국을 지탱할 수 있는 수준에 이르렀다.

무거운 쟁기는 산업시대 이전의 기술수준에서는 사실상 마지막 혁신에 해당하는 도구였다. 다음 단계의 혁신인 기계화된 농기구와 화학비료는 산업혁명 이후인 19세기에나 등장했다. 불과 1980년대까지만 해도 우리나라의 농촌에서는 고대에 사용되던 것과 별반 다르진 않은 소쟁기로 밭을 가는 모습을 흔하게 볼 수 있었다.

더 이상 적용 가능한 기술적 혁신이 없었기 때문에 중국 북부에서 사용된 농경기술은 한나라 시대 이후 근 2천년 동안 거의 변하지 않았고 농업생산력도 마찬가지였다.

한나라 시대에 평균적인 기장 생산량은 헥타르당 약 720kg였는데, 당나라 시대에는 약 740kg으로 미미한 증가만이 있었다.[41)]

송나라 시대에 남부의 수경농업 지역이 본격적으로 개발되면서 중국의 경제는 전국시대 이후 1천 년 만에 제2의 확장기에 진입했다. 그러나 관개농경이 적용되지 않은 북부의 건조농업 지대에서는 과거의 농사방식이 그대로 이어졌다. 청나라 시대에 북부의 건조농업은 여전히 헥타르당 700kg 초반대의 생산력에 머물러 있었다.[42]

서유럽에서는 서기 1000년경부터 무거운 쟁기가 보급되었고 비옥하지만 무겁고 습한 토양으로 경작지의 확장이 일어났다. 13세기에 프랑스와 영국의 농민들은 2세기 전보다 50% 정도 많은 곡물을 땅에서 거두어들였다. 파종량 대 수확량의 비율은 1:3으로부터 1:4로 늘었고 헥타르당 곡물 생산량은 약 480kg 정도로* 증가했다.[43]

이 수치는 과거에 비해서는 크게 증가한 양이지만, 고대 수메르 문명의 1,000kg과 비교했을 때는 물론이고 무거운 쟁기가 도입된 이후에 중국에서 나타났던 740kg에 비해서도 현저하게 낮은 것이었다. 서유럽에서는 높은 위도 때문에 무거운 쟁기의 보급 이후에도 동일한 혁신이 중국에서 가능하게 했던 것보다 훨씬 낮은 수준의 농업생산력만이 달성된 것이다. 이렇게 낮은 농업생산력 때문에 당시 서유럽은 중앙집권적 사회단계는 고사하고, 지방분권적 사회단계에서 막 빠져나와 과도기적 사회단계로 나아가고 있던 참이었다.

* 600kg 이상 수확되었으나 그 중 1/4은 이듬해에 파종하기 위해 남겨둬야 했다. 메소포타미아와 중국에서는 파종량 대 수확량 비율이 수십 배 이상이었다.

무거운 쟁기의 보급에 의해 촉발되었던 농업생산력의 증가는 13세기에 이르러 한계에 다다랐다. 단위면적당 생산량이 정체되었고 그 세기 말부터는 늘어난 인구를 먹이기 위해 고지대나, 모래땅, 습지같이 척박한 한계지까지 경작지가 지나치게 확장된 영향으로 평균 산출량이 감소하기 시작했다.

앞서 설명했듯이 무거운 쟁기는 산업시대 이전에 농경에 적용될 수 있는 마지막 단계의 기술이었다. 중세 초기 무거운 쟁기의 확산 이후 19세기 초반에 이르기까지 유럽의 농업에서 그와 같은 기술상의 혁신은 더 이상 일어나지 않았다.[44] 이제 서유럽이 과거 동방의 선배들이 그랬던 것처럼 수천 년 동안의 정체상태에 빠져들 차례인 듯 보였다.

그러나 서유럽의 농민들은 기술상의 혁신이 아닌 새로운 동력에 의해 다시 농업생산력의 발전을 이루어냈다. 이 새로운 동력은 바로 시장이었다.

파종량 대 수확량 비율 1:4라는 저조한 수치가 일반적이었던 13세기에도 예외적으로 높은 수확고를 거둔 몇몇 지역들이 있었다. 도시가 만들어낸 시장에 접근할 수 있었던 지역들이 그곳이었다.

도시의 시장은 농민들에게 그들이 생산한 농산물을 판매하여 이익을 얻을 수 있는 기회를 제공했다. 농민들은 더 많은 수익을 얻기 위해 그들이 가진 한정된 토지자원을 효율적으로 이용하여 최대한 많은 식량을 생산하도록 노력했다. 높은 생산성은 노동과 자본을 아끼지 않고 투자함으로써 달성되었다.[45]

도시의 시장과 연결된 지역에서 농민들은 생산량을 높이기 위해 과거보다 더 많은 시간 동안 일했다. 일손이 더 필요하면 임금노동자들이 고용되었다. 지력을 높이기 위해 많은 양의 거름이 시비되었는데, 이 중 상당부분은 외부로부터 구입되었다. 토지를 보다 집약적으로 이용하기 위해 휴한지를 줄일 수 있는 농법과 가축의 수를 늘려 보다 많은 거름을 얻을 수 있는 농법이 시도되었다.

종종 근대 농업의 혁신으로 지목되는 이러한 변화들은 근대에 새롭게 나타난 것이 아니라 중세 후기에도 이미 존재했던 것이었다. 다만 근대에 이르러 시장의 영향력이 확장된 이후에야 많은 노동과 자본이 소요되더라도 생산성이 높은 이러한 집약적 농경방식이 일반적으로 사용되게 된 것이었다.

시장이 발달함에 따라 또한 각 지역의 주민들은 자신들의 지역의 자연환경에 가장 적합한 작물과 가축에 집중해서 생산성을 높일 수 있었다. 과거 자급자족적 사회에서는 각 지역이 거의 모든 것을 스스로 생산해야 했기 때문에 그 지역에서 잘 자라지 못하는 농작물도 재배해야 했다. 시장이 발달하여 교역을 통해 생활에 필요한 다른 산물들을 얻을 수 있게 된 이후에야 각 지역에 가장 적합한 작물로 생산의 집중이 이루어질 수 있었다.[46)]

시장의 영향에 의해 농업생산력이 증폭되는 이러한 현상의 중심에는 플랑드르가 있었다. 켈트 시대부터 직물공업이 발달했던 이 지역은 중세 동안 상공업의 중심지로 성장했다. 이곳에서는 13세기 말에 이미 인구의 30% 정도가 도시에 거주하고 있었다.

1534년에 그려진 플랑드르 지방의 헨트. 중세시대에 헨트는 서유럽에서 파리 다음으로 큰 도시였다.

플랑드르의 도시 밀집지역에 의해 만들어진 시장의 영향력은 그 지역 안에만 한정되지 않고 그 주변 지역들에까지 미쳤다. 플랑드르와 맞닿아 있는 프랑스 최북단 지역과 바다를 통해 플랑드르에 농산물을 수출하던 영국 동부와 남부 해안가 지역에서도 당시의 평균적인 수준을 훨씬 상회하는 높은 생산량이 기록되었다.[47)]

플랑드르 지방에서는 헥타르 당 1,200kg 이상의 곡물이 수확되었고 토질이 보다 비옥한 프랑스 북부의 아르투아에서는 헥타르 당 1,600kg 이상이 달성되었다. 후자의 수치는 19세기의 기준으로 봤을 때에도 높은 것이었다. 영국의 곡물 수출지역에서도 이와 비슷한 생산력이 나타났다. 이외에 당시 서유럽 최대 도시였던 파리 주변 지역과 서부 독일의 도시화된 지역에서도 그 시대의 평균을 넘어서는 높은 생산력이 달성되었다.

중세 이후 서유럽에서 농업생산력의 발전은 시장의 성장에 의해 이루어졌다. 시장이 확장됨에 따라 그것의 영향을 받아 높은 생산력이 달성된 지역들이 확산되어 갔다. 시장의 영향권에 편입된 지역들은 파종량 대 수확량 비율 1:4라는 중세의 한계점을 넘어섰고, 그렇지 못한 지역들은 18세기까지 그 수준을 벗어나지 못했다.

중세에는 대부분의 지역들이 시장의 영향을 받지 않아 생산력이 낮았고, 시장의 영향을 받아 생산성이 높은 지역은 아주 예외적인 소수에 불과했다. 이후 시장의 확장이 계속 진행됨에 따라 대부분의 지역이 시장의 영향에 의해 생산성 높은 지역이 되었고, 13세기에는 극히 일부분에서만 달성되었던 높은 수확량 수치가 서유럽의 평균적이고 일반적인 농업생산력이 되었다.[48)]

자연환경이 서유럽보다 농경에 유리했던 지역들에서는 시장에 의한 생산력의 증폭작용 없이도 농업생산력이 중앙집권적 무력집단의 지배가 성립될 정도의 수준에 이르렀다.

일단 중앙집권적 무력집단이 성숙한 단계에 이르면 비대한 군대와 관료조직이 사회의 잉여를 진공청소기처럼 빨아들여 잉여가 시장에 공급되는 것을 막았다. 시장은 무력집단의 발밑에 깔린 채 성장할 기회를 박탈당했다. 시장의 성장이 차단되었기 때문에 시장의 영향에 의한 생산력의 증폭 작용이 일어나지 않았고, 농업생산력이 수천 년 동안 정체된 상태를 벗어나지 못했다.

서유럽보다 기온이 낮아 농업에 더 불리한 환경이었던 동유럽에서는 13세기에 무거운 쟁기가 도입된 이후 늘어나던 농업생산력이 16세기 파종량 대 수확량 1:3에서 한계에 부딪혔다. 1:3이란 수치는 서유럽에서 무거운 쟁기가 보급되기 시작한 1000년경 이전에 해당하는 수준으로 당시는 서유럽에서 지방분권적 무력집단의 지배력이 가장 강했던 시기였다.

동유럽에서는 13세기 이후 농업생산력이 지방분권적 무력집단을 지탱할 수 있는 수준으로 증가해가면서 농민들의 지위가 지속적으로 악화되었고, 무거운 쟁기의 도입에 의한 농업생산력의 발전이 한계에 도달한 16세기에 이르면 농민들은 과거 서유럽의 농노와 같은 신분으로 전락했다. 이러한 상태에서는 지방분권적 무력집단의 지배력이 견고한 데다 애초에 생산되는 잉여 자체가 많지 않았기 때문에 시장의 성장이 일어나기 어려웠다.

서유럽은 정말 딱 적당한 환경에 위치해 있었다. 무거운 쟁기의 도입 이후 기술적 요인에 의한 농업생산력의 발전이 한계에 도달했을 때 서유럽의 농업생산력은 사회를 과도기적 단계로 들어서게 할 정도의 수준에 있었다. 이 시기에 서유럽에서는 지방분권적 무력집단의 지배가 해체되고 있었을 뿐만 아니라 중앙집권적 무력집단 역시 아직 미미한 수준으로밖에 성장하지 못했다.

농노 소녀를 매매하기 위한 흥정이 벌어지고 있다. 러시아에서 농노들은 노예처럼 매매되었다. 러시아에서 농노제가 폐지된 것은 19세기에 이르러서였다.

이러한 무력집단 지배력의 공백상태는 무력집단의 통제에서 벗어난 잉여가 시장에 공급되게 만들어 시장이 성장하기에 최적의 조건을 제공했다.

이후 시장의 성장에 의해 농업생산력이 발전하면서 늘어난 잉여 중 일부가 중앙 무력집단에 공급되었고, 그 결과 중앙집권적 무력집단이 조금씩 성장했다.

그러나 서유럽에서 중앙집권적 무력집단의 성장은 전적으로 시장의 성장이라는 1차적인 현상에 의존해 일어난 2차적인 현상이었다. 시장이 먼저 성장한 다음에야 그것에 의해 증가한 잉여를 배분받아 중앙권력이 성장할 수 있었다. 따라서 중앙 무력집단의 성장은 시장의 성장보다 뒤처질 수밖에 없었다.

중앙집권적 무력집단이 어느 정도 성숙한 형태를 갖추었을 때 시장은 이미 스스로를 방어할 수 있을 만큼 충분히 성장해 있었다. 일시적으로 중앙 무력집단이 과도하게 성장해 시장을 위축시킬 수도 있었다. 그러나 그렇게 시장이 위축되면 시장에 의해 증가했던 농업생산력이 감소했다. 그 결과 농업잉여를 에너지원으로 사용하는 중앙 무력집단 역시 위축됐고, 시장은 다시 성장을 이어나갈 수 있었다.

이 과정은 시장이 마침내 폭력에 의한 강제력을 밀어내고 사회의 지배적인 원리가 될 때까지 계속되었다.

9

영국, 산업혁명

영국, 산업혁명

섬나라

영국은 섬나라다. 우리는 앞에서 섬나라라는 지리적 특성이 일본에서 중앙권력의 발전을 저해했음을 살펴보았다. 영국에서도 비슷한 현상이 일어났다. 외부에서 영국으로 침입하기 위해서는 바다를 건너야 했는데 이것은 육지로 이루어진 국경을 걸어서 넘어가는 것보다 훨씬 까다로운 일이었다. 게다가 해양활동이 활발한 섬나라 사람들은 바다 위에서 싸우는 데 이점을 가지고 있었다.

영국인들의 입장에서는 그들이 대륙인들에 대해 우위를 가지는 바다를 방어하기만 하면 육군 없이도 국경을 지킬 수 있었다. 17세기 중반까지는 전시에 상선을 일시적으로 무장시키는 것만으로도 외침을 막는 데 충분했다.

따라서 영국인들은 그들의 국왕에게 막대한 세금을 잡아먹는 데다 그들 자신을 억누르는 데 사용될 수 있는 상비군을 쥐어줄 필요가 없었다.

영국이 항상 외침으로부터 자유로웠던 것은 아니었다. 10세기에 이미 북미대륙까지 진출할 만큼 항해기술이 뛰어났던 바이킹들에게 인근의 섬으로 건너가는 일은 별로 어려운 일이 아니었다.* 앵글로색슨족은 9세기에 바이킹에게 무력한 패배를 거듭하여 영토의 거의 절반을 빼앗겼고, 한때는 곧 완전히 정복당할 것처럼 보이기도 했다.

이러한 위기를 극복하기 위해 영국인들은 국왕을 중심으로 집중된 힘을 발휘해야 했고 이는 왕권의 강화로 이어졌다. 이 시기 영국의 왕은 제한적이지만 전국에 걸친 행정적 · 사법적 권한을 가지고 있었고, 특히 세금을 거둘 권한을 가지고 있었다. 전국의 토지에 부과된 겔드는 로마제국의 멸망 이후 서유럽에서 최초로 나타난 전국적인 세금이었다.[1] 왕을 중심으로 힘을 모은 앵글로색슨족은 초반의 무기력한 수세에서 공세로 돌아서 잉글랜드 전역을 수복할 수 있었다.

후대의 왕들은 이러한 우호적인(?) 대외환경의 덕을 볼 수 없었다. 외부로부터의 군사적 위협이 잦아들자 겔드는 귀족들의 저

* 아메리카 대륙에 최초로 다다른 유럽인은 콜럼버스가 아니라 아이슬란드 출신 바이킹인 뱌르니 헤룔프손이었다.

바이킹들은 이 배를 타고 서쪽으로는 아메리카 대륙, 동쪽으로는 카스피 해까지 진출했다.

항에 의해 1162년에 폐지되었다. 하지만 영국의 상대적으로 작은 규모는 지방에 대한 중앙의 통제가 용의하게 했고, 덕분에 영국은 한동안 서유럽에서 가장 중앙집권적인 국가로 남을 수 있었다. 백년전쟁 때 훨씬 많은 인구를 가진 프랑스를 상대로 영국이 선전할 수 있었던 것은 왕의 권위 아래 잘 조직된 군대를 가지고 있었기 때문이었다.

그러나 여기서 중앙집권적이라는 말은 당시 유럽의 분열적인 정치형태와 비교했을 때 상대적으로 그러했다는 뜻이다. 프랑스인들에게 상비군의 필요성을 일깨워준 영국의 보병군대는 상비군이 아니라 부족적 사회의 자유민 군대와 비슷한 것이었다.

영국의 왕은 지방분권적 사회질서가 해체되면서 귀족들의 지배에서 벗어나 일정한 경제적 · 정치적 권리를 획득한 부유한 농민들과 도시민들에게 과거 자유민의 군사적 의무를 재부과했다. 이들은 왕의 요청이 이들을 대표하는 의회의 동의를 받았을 때에만 일시적으로 소집되었다. 평소 이들은 각자의 지역사회의 통제를 받는 민병대로 존재했다. 왕은 이들의 동의 없이는 이들을 국경 밖은 물론 이들이 속한 지역 밖으로도 끌어낼 수 없었다.[2)]

15세기 이후 만성적인 전쟁에 휘말린 대륙의 국가들은 경쟁적으로 군대의 규모를 늘려나갔지만 영국은 이에 해당되지 않았다. 외국의 군대가 바다를 건너 영국을 침공한 것은 사실상 1066년 윌리엄의 노르만 군대가 마지막이었다. 이후로도 몇 차례 외국 군대가 영국 본토에 진출한 경우가 있었지만 이들은 모두 영국 내의 파벌다툼과 연관돼 있었다.

국경을 방어할 상비군이 필요 없었기 때문에 영국의 국왕들은 이웃의 군주들이 막강한 군대를 손에 넣어 위세를 늘려나가는 동안에도 중세 말기의 군사조직 이상을 갖지 못했다. 1540년에 독일인과 이탈리아인 용병으로 구성된 상비군이 창설되었지만 비용 절감을 위해 불과 11년 뒤인 1551년에 해산되었다.

이후 영국의 왕들은 소수의 근위병 외에는 지방의 민병대와 유력 귀족들의 사병에 의존해야 했다. 이들은 신민들의 자발적인 도움 없이는 반란을 진압할 군대조차 동원할 수 없었다.[3)]

강력한 군대를 갖지 못한 영국의 왕들은 신민들을 무력으로 억눌러 그의 직접적인 지배를 관철시킬 수 없었고, 관료조직을 부양할 잉여를 뜯어낼 수도 없었다. 1640년 이전의 100년 동안 프랑스 왕실 수입의 실질가치가 네 배로 증가한 반면 영국 왕실의 실질 수입은 제자리에 머물러 있었다.[4)]

이 시기는 꾸준한 경제성장으로 인해 영국의 인구가 거의 두 배로 늘었고 국민들의 소득도 크게 증가한 시기였다. 국가가 훨씬 부유해지는 동안 왕실의 수입이 제자리에 머물렀다는 것은 전체 파이에서 왕이 차지하는 부분이 쪼그라들어 사실상 왕실이 상대적으로 더 가난해졌다는 것을 의미했다. 프랑스와 비교해보면 당시 영국 국왕의 수입이 얼마나 초라했는지 알 수 있는데, 1640년 영국 왕실의 전체 수입은 프랑스 왕실이 염세 하나로 거두어들이는 것의 절반밖에 되지 않았다.

영국의 왕들은 농업생산력의 발전에 의해 지방분권적 사회질서가 와해되는 과정에서 새롭게 떠오른 중소 지주계층인 젠트리와 도시의 상인들과 협력하여 반항적인 지방의 대귀족들을 독립적인 지배자의 위치에서 끌어내리는 데는 성공했지만, 지방을 자신의 통제를 받는 관료조직 아래로 통합시키는 단계까지는 나아가지 못했다. 이들은 대귀족들의 권력이 약화된 뒤 지방에서 행정체계와 사법체계를 장악한 젠트리들을 복종시킬 무력도, 포섭시킬 자금력도 갖지 못했기 때문이었다. 중앙정부로부터 보수를

정원에서 환담을 나누는 중국의 관료들. 중국의 지주계급의 주된 관심사는 관직에 진출하는 것이었다.

받지 않고 관직을 수행하는 젠트리들에게 왕은 자발적인 협력 이상의 것을 요구할 수 없었다.

내전

중국의 사(士)는 원래 주나라 시대 전사귀족 계급의 하층부를 차지하던 계층이었다. 춘추전국시대에 귀족 전사들이 평민보병에 의해 전장에서 밀려난 이후 사(士)계급은 성장하고 있던 국가의 관료조직에서 새로운 부와 지위의 원천을 발견했다. 이후 중국사회에서 사(士)는 관직에 진출하기 위해 학문을 익히는 문인 지주계급을 가리키는 말이 되었다.

영국의 젠트리 역시 중세시대 전사귀족의 하부 계층이었다. 그런데 중국의 소귀족들과 달리 젠트리들은 관료조직이라는 새로운 보금자리에 의존할 수 없었다. 영국의 빈약한 중앙권력은 관료들을 먹여 살릴 만한 자원을 소유하지 못했기 때문이었다. 지방의 관리들은 거의 무료로 관직에 봉사했으며, 수입이 있는 관직이라도 수입이 일시적이고 변변치 않은 경우가 대부분이었다.[5)]

전장에서 평민병사들에게 자리를 빼앗겨 더 이상 전사 지배계급으로 행세할 수 없게 된 영국의 소귀족들은 따라서 뭔가 다른 부분에서 수입을 올릴 방법을 찾아야 했다. 당시 역동적으로 성장하고 있던 시장이 그 해답을 제공했다.

젠트리들은 그들의 토지를 세심히 관리하고 충분한 노동과 자본을 투자하여 생산성을 향상시켰다. 늘어난 산물은 시장에 판매하여 많은 이익을 거둘 수 있었다. 돈이 돈을 번다는 말은 예나 지금이나 동일하게 적용됐다. 이미 자본을 소유하고 있던 귀족들은 경제활동에 관심을 갖고 참여하기만 하면 시장의 성장에서 가장 큰 이득을 볼 수 있었고 시장경제를 지배하는 자본가로 변모할 수 있었다.

젠트리들은 상업적 농업 외에도 상공업에 투자하는 등 생산활동에 활발하게 참여하여 새로운 경제적 환경에서 가장 번영하는 계층이 되었다. 워릭셔 주에서 젠트리들의 평균 자산가치는 1530년대로부터 100년 동안 거의 4배로 증가했다.[6)] 평민 계층 중에서 농업과 상공업으로 재산을 모은 자들은 젠트리 계층으로 편입되

18세기 영국의 젠트리 부부. 이들의 뒤로 이들이 소유한 토지가 펼쳐져 있다. 젠트리들에게 있어 부의 주된 원천은 그들의 토지를 효율적으로 경영하는 것이었다.

었다.

대귀족들은 경제적 논리가 지배적이 되어가는 시대에 그들의 하급자들보다 더디게 적응했다. 지나간 시대에서 누렸던 권력이 컸던 자일수록 과거의 영광에 매달려 새로운 시대에 필요한 삶의 방식을 받아들이기 힘들었기 때문이다. 그 결과 대귀족들은 16세기 말 한때 심각한 재정적 위기에 빠져들게 되었다.

영국의 조그마한 왕실은 대귀족들 중 아주 일부에게만 충분한 수입을 제공해줄 수 있었다. 때문에 대귀족들도 결국에는 생산활동에 발을 들여놓을 수밖에 없었다. 그들의 자산을 효율적으로 관리하는 데로 관심을 돌린 대귀족들은 17세기에 상당한 경제적 회복을 이루어낼 수 있었다.[7]

17세기에 이르면 영국의 귀족계급은, 특히 그 중 젠트리는 훗날의 자본가계층의 시조와 비슷한 존재로 변해 있었다. 영국에서는 귀족들이 이미 생산자로 전환되어 있었기 때문에 프랑스혁명에서 나타났던 귀족과 생산자들 사이의 대결이 일어나지 않았다. 생산자와 충돌을 일으킬 만한, 진정한 의미에서 무력집단이라고 할 만한 것은 허약한 국왕만이 남아 있었을 뿐이었다.

찰스 1세(재위 1625-1649)는 상비군과 관료조직에 의해 뒷받침되는 스페인과 프랑스의 절대왕권을 영국에서 실현시키려는 불가능한 목표를 가지고 있었다. 그는 1629년 이후 의회를 소집하지 않고 통치했고 자의적으로 세금을 부과했다. 이에 국민들의 불만이 높아져 갔다.

1639년 스코틀랜드에서 교회를 통제하려는 찰스 1세의 시도에 맞서 반란이 일어났다. 찰스 1세는 의회의 도움을 받지 않고 자력으로 군대를 동원하였으나 재원이 부족했다. 국왕의 변변치 못한 군대는 스코틀랜드의 반란군이 영국 북부를 점령하는 동안 거의 아무런 대응도 하지 못했다.

결국 찰스 1세는 반란군에게 보상금을 지급하기로 하고 평화를 얻어내야 했는데, 이는 영국 왕권의 허약함을 보여주는 것이었다. 이 전쟁에 동원된 보잘 것 없는 군대의 유지비용도 찰스 1세의 가벼운 지갑을 고갈시키기에 충분했다. 파산상태에 이른 그는 결국 1640년 의회에 손을 벌릴 수밖에 없었다. 의회는 무력함을 드러낸 왕권에 정면으로 도전했다.

후에 장기의회라고 불리게 된 1640년의 의회는 소수의 특권층만을 대변하는 집단이 아니었다. 전체 성인 남성의 27~40%가 투표권을 가지고 의원의 선출에 참여했다.[8] 선거전은 수많은 사람들의 참여와 뜨거운 열기 속에서 진행되었고 과거와 달리 일부 유력자들의 입김에 의해 결과가 좌우되지 않았다.

의원들은 그들을 당선시켜준 지역 주민들의 여론에 귀를 기울였으며 주민들과 지속적으로 소통했다. 의원들은 그들이 영국 국민을 대변한다는 인식을 가지고 있었다.

장기의회 초반의 양상은 생산자인 영국 국민을 대표하는 의회와 무력집단인 국왕의 대결이었다. 무력집단에 맞서는 생산자들의 대표로서 의원들은 단합된 모습을 보여주었다.

1641년 5월 의회는 국왕의 전제정치 시도를 앞장서서 도운 스트래퍼드 백작의 사권박탈법*을 204대 59로 통과시켰다. 당시 의회를 이끌고 있던 젠트리들은 스스로가 국왕의 폭력적인 지배에 억압당하고 있다고 생각했다.

당시 유행하던 '노르만족의 멍에' 라는 개념이 있었다. 이것에 의하면 과거 영국의 앵글로색슨 주민들은 자유롭고 평등한 사회에서 살고 있었다. 1066년 노르만족에 의한 정복은 그들로부터

* 의회가 어떤 개인이나 집단으로부터 재판받을 권리를 박탈하여 재판 없이 처벌하는 것.

자유를 빼앗아 갔고, 외국인 왕과 영주들에 의한 폭정이 시작되었다. 현재 영국의 왕은 노르만족 폭군의 후손이며 그의 정권은 폭력에 의해 세워진 것이었다. 무력집단에 대한 적대감을 드러낸 이 이야기에 먼저 관심을 기울인 것은 젠트리들이었다.[9]

찰스 1세는 런던시민들의 압박에 밀려 그의 최측근인 스트래퍼드 백작의 처형을 재가할 수밖에 없었다. 이후 국왕은 무력을 사용해 의회를 복속시키려 했지만 무기를 든 런던 시민들에게 가로막혔다. 스스로를 방어할 군대를 가지지 못했던 의회는 런던 시민들의 무력에 의존해야 했는데, 이는 의회가 시민들의 요구에 부흥하여 더 급진적으로 나아가게 만들었다.[10]

생산자들의 집합소인 영국의 도시들은 의회의 가장 든든한 지지기반이었다. 시장의 발전에 의해 성장한 도시는 좁은 공간 안에 생산자들을 밀집시킴으로써 시골지역에 분산된 농민들이 갖지 못하는 조직력을 생산자들에게 부여해 주었다. 앞서 살펴봤듯이 유럽에서 중세의 귀족적인 기사군대에 최초로 승리를 거둔 평민들은 당시에 가장 도시화된 지역이었던 북이탈리아와 플랑드르의 도시민들이었다.

고대 중국과 인도의 과도기적 단계에서도 시장의 발전에 의해 성장한 도시의 장인들은 상당한 수준의 독자적인 군사력을 가지고 있었다. 좌전에 의하면 진(晉)나라의 경씨는 기원전 550년 반란을 일으킨 후 방어를 위해 성을 쌓았다. 이 과정에서 사고를 낸 장인 2명을 처형했는데, 이에 분노한 장인들의 공격을 받고 멸망하였다. 또한 기원전 470년에는 위나라의 하기가 삼장(三匠: 세

찰스 1세는 무장한 군인들을 대동하고 그에 대한 대항을 주도하던 5명의 의원들을 체포하려 의회에 진입했으나 그들은 이미 도주하여 런던시민들의 보호 아래 있었다. 무장한 런던시민들로부터 신변의 위협을 느낀 찰스 1세는 곧 런던을 떠났다.

종류의 장인) 군대의 도움을 받아 출공을 축출하였다. 출공을 공격할 때 장인들은 모두 무기를 지녔으며 무기가 없는 자들은 연장인 도끼를 들고 싸웠다고 한다.

인도의 춘추전국시대인 십육대국 시대에 도시의 동업조합들은 때때로 자체적인 군대를 보유하고 있었다. 이 군대는 왕이 필

요로 할 때 도움을 주기도 했지만, 서로 간에 싸움을 벌이기도 해 권력당국의 큰 골칫거리였다.[11)]

이후 이 두 문명에서 중앙집권적 무력집단이 성장한 이후 도시들은 과거의 생산자적인 성격을 잃고 행정과 군사의 중심지로 변했다. 이 단계의 도시는 국가의 권력조직과 지주들이 한군데 모여 주변의 농촌지역을 지배하는 무력집단의 거점 역할을 했다. 이러한 성격의 도시들은 생산자들의 군사력을 강화시키는 역할을 하지 않았다.

영국에서는 17세기에 이르면 시장을 통한 경제적 수단이 폭력에 의한 강제적 수단을 제치고 사회의 지배적인 원리가 되어 있었다.

시장 지향적인 상업적 농업을 주도한 젠트리와 요먼은(부유한 농민계층) 전체 토지의 약 80%까지 토지 소유를 늘렸다. 토지가 곧 부의 원천이었던 농경사회에서 이는 생산자들이 국가의 부의 대부분을 통제하고 있었음을 의미했다.

반면 국왕 소유의 토지 비율은 15세기 중반에 교회의 토지를 몰수하여 한때 약 30% 정도에 이르렀으나, 부족한 왕실 수입을 토지를 팔아 메우는 임시방편이 이어지면서 17세기에는 10% 미만으로 떨어졌다.[12)]

생산자들과 국왕의 대결에서 대세는 이미 결정되어 있었던 것과 마찬가지였다. 왕은 생산자들을 억누를 힘이 없었다.

의회의 공격 앞에 왕권은 무기력하게 무너져 내렸다. 그런데 국왕이라는 공통의 적이 사라지자 의원들 사이에서 분열이 나타나기 시작했다. 의회가 급진적으로 나아갈수록 많은 의원들이 국왕의 편으로 돌아섰다. 젠트리들은 그들이 기득권을 가지고 있는 현 사회의 질서가 요동치는 것을 달가워하지 않았다.

1641년 11월 의회로의 군통수권 이전은 151명이 찬성했고 110명이 반대했다. 같은 달 찰스 1세의 실정을 규탄하고 왕권의 추가적인 제약이 담긴 <대간언>이 159대 148로 불과 11표 차이로 통과되었다. 이후 의회는 의회파와 왕당파로 분명하게 갈라졌다. 왕이 런던을 떠난 이후 236명이 왕을 따라 나섰고 302명이 의회에 남았다. 중앙 무력집단과 더 밀접하게 연결되어 있었던 대귀족들은 대부분이 국왕의 편을 택했다. 이들 중 3/4이 왕과 함께 떠났고 1/4이 의회의 편에 섰다.

그리하여 중앙 무력집단의 무기력함에 의해 사건의 양상은 왕당파와 의회파 사이의 내전으로 비화되었다. 한때 학계에서는 왕당파와 의회파의 싸움을 봉건주의와 자본주의 사이의 투쟁으로 보는 시각이 지배적이었다. 그러나 이후 학자들이 양측의 구성원들의 사회경제적 상태를 세밀하게 조사해본 결과 이러한 부르주아혁명이라는 틀에 들어맞지 않는다는 결론에 이르렀다.

왕당파와 의회파 사이의 싸움은 무력집단과 생산자 사이의 싸움이 아니었다. 양측에서 주도적인 역할을 한 젠트리들은 이미 시장으로 돌아서 있었다. 한 역사가의 말에 의하면 "문제는 부르주아가 양쪽에 있었다는 것이다."[13]

양측에서 가장 지배적이라고 할 수 있는 차이는 종교였다. 랭커셔에서 의회파에 가담한 귀족의 73.6%가 청교도였던 반면 왕당파에 가담한 귀족의 65.5%가 가톨릭 신자였다.[14] 많은 수가 그들이 속한 지역이 어느 쪽에 서기로 결정했느냐에 따라, 또는 점령당했는가에 따라 편을 정했다. 그 외에 각 개인의 정치적 성향과 이상, 왕에 대한 충성심 및 동정심, 혹은 전쟁에 뛰어들어 한몫 잡아 보려는 계산 등이 어느 편을 택할지에 영향을 끼쳤다. 대다수의 젠트리들은 내전에 무관심했고 분쟁에 끌려들어가는 것을 꺼려했다. 젠트리의 60% 이상은 어느 편에도 서지 않고 중립을 지켰다.

이미 지방에서 사법권과 행정권을 장악하고 있었고 중앙에서도 의회를 통해 왕권을 제약할 수 있었던 젠트리들은 왕권의 소멸에서 얻을 것이 별로 없었다. 기득권층인 이들은 현재의 사회가 격변하는 것을 원치 않았다. 그래서 의회파의 편에 섰던 의원들에게도 국왕 자리를 없애버리는 것은 고려 사항이 아니었다.

의회파와 왕당파 의원들의 정치적 견해의 차이는 이미 제한적인 왕권을 더 깎아낼 것인지 말 것인지에 있었다. 의회파는 왕당파와의 싸움에서 승리를 거둔 이후에도 찰스 1세에게 입헌군주제를 제안했다. 그가 이 제안을 거부하고 스코틀랜드 군대를 끌어들여 일어난 2차 내전이 진압된 후에도 의회는 여전히 국왕과 협상하는 쪽을 택했다.

왕당파의 군대와 직접 참혹한 전쟁을 치른 신형군*의 장군들은 의원들만큼 왕에게 호의적이지 않았다. 주로 자영농민이나 소

* 의회파가 보다 효율적인 전쟁수행을 위해 창설한 군대이다.

올리버 크롬웰과 신형군. 주로 중간계층 출신으로 구성된 이 군대는 의회파에게 승리를 가져다 주었다.

상공인 출신으로 구성된 병사들과 하급 장교들은 귀족들보다 급진적인 성향을 가지고 있었고, 군의 지도자들은 이들의 의견을 무시할 수만은 없었다.

고위 장교들도 왕을 폐위하거나 처형했을 때 일어날 수도 있는 또 다른 전쟁과 혼란을 피하기 위해 국왕과 합의를 이끌어내려 노력했다. 당시 국왕의 아들인 찰스 2세는 의회파로부터 이탈한 함대를 손에 넣고 있었고 그의 매부인 네덜란드의 윌리엄 2세로부터 지원을 얻어낼 가능성도 있었다. 국왕의 처형은 주변 군주국들의 군사적 개입을 불러올 수도 있었다. 또한 왕당파와 손을 잡은 아일랜드가 영국에 군대를 보낼지도 모르는 상황이었다.[15)]

그러나 찰스 1세의 오판이 그의 명을 재촉했다. 자신의 손에 쥐고 있는 패가 많다고 생각한 국왕은 협상을 거부하고 정치적 게임을 벌이려 했고 이는 군대의 인내심을 한계에 다다르게 했다. 1649년 1월 30일 결국 그는 형장에서 목숨을 잃었다.

농업사회의 종말

영국에서 절대왕권을 세우려고 했던 찰스 1세의 헛된 시도가 야기한 사건들은 당시 사회의 주도권이 이미 무력집단에서 시장으로 넘어와 있었음을 보여준다.

영국에서는 기후적 조건 때문에 중앙집권적 무력집단이 시장의 성장이 일어난 후에야 그것에 의해 증가된 농업잉여를 공급받아 성장할 수 있다는 핸디캡을 가지고 있었는데, 섬나라의 특성상 군사력까지 갖지 못한 영국의 왕실은 잉여 흡수능력이 더욱 떨어져 발육부진 상태를 벗어나지 못했다.

이러한 현상은 시장에 더 많은 잉여가 공급될 수 있게 해주었고, 또한 중앙 무력집단에서 수입원을 찾지 못한 지배계층이 생산활동으로 돌아서게 만들었다. 덕분에 경제성장에 아주 우호적인 환경이 조성되었다.

1600년경에 이를 때까지 영국의 경제는 당시의 최고 선진지역이었던 네덜란드는 물론이고 프랑스와 비교해서도 조금 뒤처져 있었다. 17세기에 대륙에서 군대의 규모와 함께 중앙집권적 무력집단이 급성장하면서 대륙의 국가들은 경제적으로 퇴보와 정체상태에 빠져들었다.

프랑스에서 국왕의 권세가 절정에 달했던 태양왕의 치세는 경제적으로는 침체의 시기였다. 중세 이후 유럽 상공업의 중심지로서 독보적인 경제발전을 구가하던 네덜란드 역시 비대해진 군대와 관료조직에 발목이 붙잡혔다.

주변의 대국들이 가하는 군사적 압력에 대응하기 위해 17세기말 인구 200만의 네덜란드는 10만의 군대를 유지하고 있었다. 군대와 관료조직은 그 무거운 유지비용으로 경제를 짓눌렀다. 17-18세기 네덜란드의 세금부담은 영국보다 몇 배 이상 무거웠다.[16] 또한 국가의 관료조직이 제공하는 짭짤한 관직은 사람들의 관심이 생산적인 활동에서 멀어지게 만들었다. 18세기 네덜란드에서 가장 높은 소득을 올리는 자들은 대부분이 관직을 가진 자들이었다.[17]

영국에서는 대륙의 국가들이 중앙집권적 무력집단에 깔려 허우적거리던 시기에 시장의 성장이 지체 없이 이어졌다. 시장의 영향력이 확산되면서 과거에 예외적인 일부 지역에서만 달성되었던 높은 수확량이 18세기 말이 되면 영국의 일반적인 농업생산력이 되었다.

1600년경까지만 하더라도 영국 농민들의 노동생산성은 프랑스보다 조금 낮은 수준이었으나 1700년경에 이르면 프랑스보다

15% 이상 높아졌고 1800년경에는 그 차이가 44%로 벌어졌다.[18]

시장의 생산력 증폭현상은 농업뿐만 아니라 공업에도 적용되었다. 그 결과 나타난 것이 산업혁명이었다. 최근 들어 학자들은 산업혁명의 연속적인 성격에 더 관심을 기울이고 있다. 18세기 후반 이전에도 시장의 성장과 함께 공업생산성의 꾸준한 발전이 이어졌다. 우리가 산업혁명기라고 부르는 시기는 이 성장 속도에 급격한 가속이 붙은 시기였다.

산업혁명기에 나타난 공업생산성의 전례 없는 폭발적인 발전은 새로운 기술과 생산양식의 도입에 의해 가능해졌다. 수력과 증기기관에 의해 움직이는 기계는 인간이 자신의 근력에만 의존할 때보다 수십 배 이상 많은 작업을 수행할 수 있게 해주었다. 공장제 공업에 의한 새로운 노동방식은 분업과 세분화, 전문화, 그리고 규모의 경제를 통해 노동의 효율성을 극대화시켰다.

산업혁명에 대한 사람들의 관심은 보통 이러한 생산과정의 혁신을 중심으로 공급의 측면에 쏠려 있고 수요의 측면은 간과되는 경우가 많다. 공급 측면에서의 변화는 시커먼 연기를 뿜어내는 공장들과 쉴 새 없이 쏟아져 나오는 물건들에 의해 극명하게 형상화되었지만, 수요 측면의 변화는 무대 뒤편에서 눈에 잘 띄지 않게 이루어졌기 때문이다.

공장제 기계 공업에 의한 대량생산이 재화의 가격을 하락시킴으로 인해 자체적으로 새로운 수요를 만들어 낸 것은 사실이다. 하지만 애초에 소규모 수공업 생산에서 벗어나 대량생산이 가능해졌던 것은 대량으로 생산된 물건이 팔릴 커다란 시장이 존재했

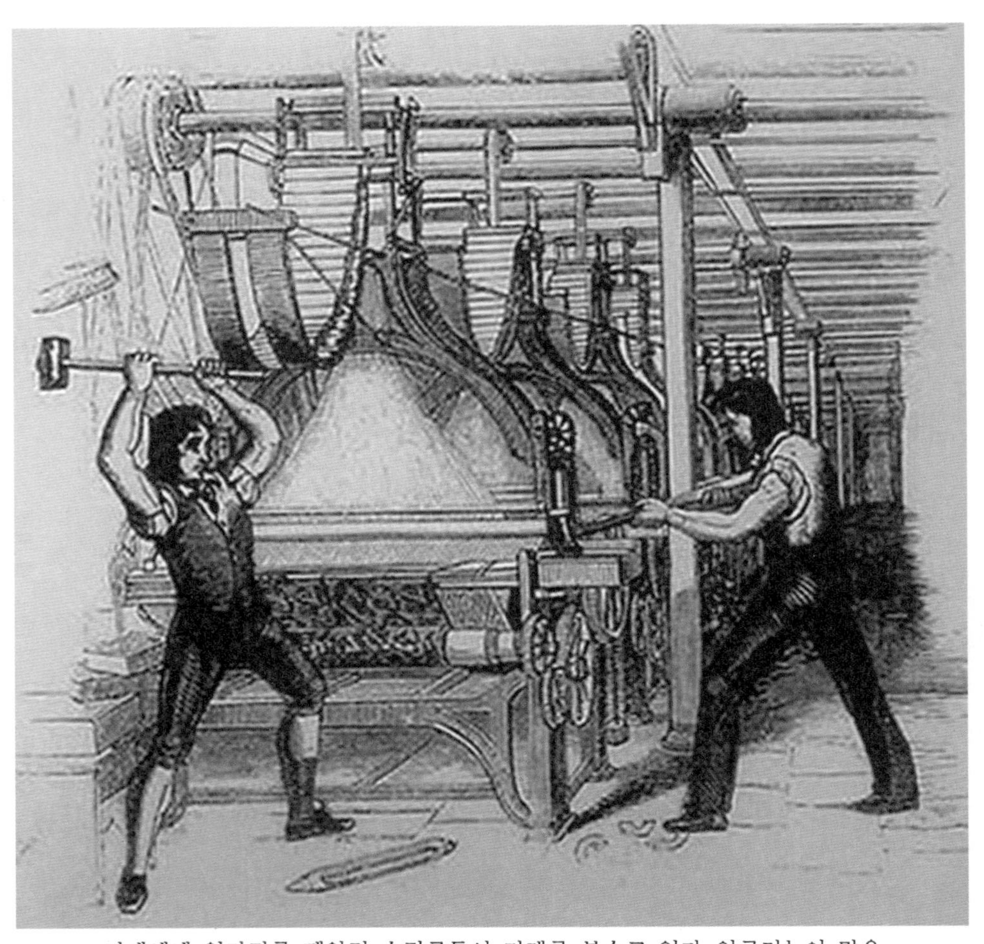

기계에게 일자리를 빼앗긴 숙련공들이 기계를 부수고 있다. 인공지능이 많은 분야에서 인간을 대신하게 되면 많은 사람들이 이들과 같이 일자리를 잃게 될 것이다.

기 때문이었다.[19] 시장의 성장에 의해 공업품에 대한 수요가 늘어나지 않았다면 사업가들은 막대한 자본의 투자가 필요한 공장의 설립에 뛰어들지 않았을 것이다.

사업가들이 대량생산을 시도하게 만든 수요는 기본적으로 빠르게 성장하는 내수시장에서 나왔다. 무역과 식민지에 의해 창출된 해외시장도 공업품의 수요를 만들어 내는 데 어느 정도 역할을 했으나, 당시의 산업 성장을 주도한 것은 역동적으로 성장하던 내수시장이었다.[20]

시장의 성장에 의한 농업생산력의 혁명적인 발전은 산업사회로의 길을 열어주었다. 식량생산량이 급증함에 따라 16세기 초에 200만 명이 조금 넘었던 영국의 인구는 18세기 말에는 800만 명 이상으로 늘어났다. 늘어난 인구는 공장에서 대량 생산된 상품이 소비될 잠재적인 시장을 제공해 주었다. 또한 농업생산력의 증가는 농가소득을 증가시키고 식품의 가격을 하락시켜 사람들이 더 많은 돈을 산업생산품을 구매하는 데 사용할 수 있게 해주었다.

1750년 경 영국 농업의 노동생산성은 전체 인구의 46%를 차지하는 농업인구가 54%의 비농업인구를 부양할 수 있는 수준에 이르렀다.[21] 더 이상 땅을 일굴 필요가 없게 된 사람들은 도시로 유입되어 공장이 돌아가는 데 필요한 노동력을 제공해주었다. 인구의 절반 이상이 농업이 아닌 다른 부분에 종사하는 사회는 더 이상 농업사회가 아니었다.

10

프랑스, 민주주의혁명

프랑스, 민주주의 혁명

대륙의 국가

대륙에 위치한 프랑스는 섬나라인 영국과 달리 외적의 침입을 방어할 믿을 만한 군대를 필요로 했다. 지방분권적 무력집단이 지배하던 시대에는 귀족들로 구성된 기사들이 그 역할을 수행했다. 13세기까지만 하더라도 프랑스의 기사들은 부빈에서 신성로마제국과 영국과 플랑드르의 연합군을 격파하며 그 경쟁력을 입증했었다.

그러나 농업생산력의 발전에 수반된 사회변화에 의해 귀족군대는 구시대의 유물이 되어버렸고, 프랑스는 백년전쟁에서 보다 효율적인 형태의 군대를 먼저 도입한 영국에게 참패를 거듭하였다. 당시 영국군의 침략을 받은 지역은 국토가 거의 황폐화되는 지경에 이르렀다. 근대 이전의 사회에서 군대란 마치 메뚜기 떼와 같은 것이어서 심지어는 자국 내에서 행군하는 동안에도 주변 지역은 약탈의 대상이 되었으니 외국군대가 휘젓고 다닌 지역의 주민들이 겪은 고통은 말할 필요도 없을 것이다. 게다가 조직적인 약탈과 파괴가 상대방의 전력을 약화시키는 주요 전략으로 사용되었다.

프랑스의 국민들은 이러한 비극을 더는 겪지 않기 위해 1439년에 국왕에게 최초의 상비군과 그것의 유지를 위해 세금을 거둘 권한을 쥐어주었다. 새로운 군사체계를 도입한 것은 프랑스만이 아니었다. 유럽의 다른 나라들도 생존을 위해 중앙권력에게 강력한 군대를 만들 자원과 인력을 모아주었다.

주변의 국가들과 군사력 경쟁이 벌어지면서 프랑스 군대의 규모는 확장을 지속했다. 16세기 중반까지 5만을 넘지 않았던 프랑스의 군대는 17세기에 들어서 급격히 팽창하기 시작했다. 루이 14세는 그의 치세 막바지의 전쟁에 40만의 군사를 동원했다.

상비군의 일차적인 목적은 국경의 방어였다. 프랑스군의 대부분은 국경지대와 해안가 요새에 주둔되어 있었다.[1] 그러나 명령권이 자신에게 집중되어 있고 평화시에도 유지되는 군대를 손에 넣은 국왕은 그것을 외부와의 투쟁뿐만 아니라 신민들에게 복종을 강요하는 데도 사용할 수 있었다.

군대의 규모가 증가할수록 왕의 권력도 증대되었다. 중앙 무력집단은 군대에 의해 부여된 권력을 이용하여 국가의 방어에 필요한 양을 훨씬 넘어서는 잉여를 착취했다. 국가를 통제할 관료

군대를 지휘하는 루이 14세. 그가 임종의 순간에 후회했듯이 그는 너무나도 많은 전쟁을 일으켰다.

조직의 유지, 귀족들의 충성을 얻기 위한 후한 보조금, 외국 군주들을 매수하기 위한 뇌물, 궁전의 호화스러운 생활 등 비군사적 목적에 사용된 지출은 평화시에 군사적 지출을 능가했다. 대부분 국가의 방어와 별 관련이 없는, 이를테면 유럽의 왕가들 사이의 라이벌 의식이나 국왕의 영토 확장에 대한 욕심에 의해 일어난 전쟁에는 엄청나게 많은 비용이 들어갔다. 전시에는 국왕의 지출이 배로 늘어났다.

16세기 중반까지 프랑스인 개개인이 부담하는 세금은 영국인과 비슷한 수준이었다. 하지만 그 후 1세기 동안 영국인 납세자가 부담하는 세금은 절반 밑으로 감소한 데 반해 프랑스인 납세자에게 지워진 세금은 지속적으로 증가했다. 30년전쟁 중인 1620년대와 1630년대에 급격한 증가를 겪은 후 프랑스인 개개인이 국왕에게 바쳐야 하는 세금은 영국인의 여섯 배에 이르게 되었다.

세금부담이 늘어나면 시장에서 상품의 구매에 사용될 수 있는 잉여는 그만큼 줄어들 수밖에 없었다. 게다가 세금은 국가권력에 저항할 능력이 떨어지는 농민들과 가난한 사람들에게 전가되어 경제에 더욱 악영향을 끼쳤다.

중앙 무력집단의 권력이 지방으로 뻗어가는 과정에서 재정적 부담은 주로 힘 없고 가난한 자들의 어깨 위에 올려졌다. 부유하고 힘 있는 자들은 그들의 재산에 비해 훨씬 적은 양의 세금만을 부담했다.

지방의 권력자들은 흔히 재산에 부과된 세금을 일상용품으로 돌려 세금을 가난한 사람들에게 전가시키려 했다.[2] 조직적으로 권력에 저항할 수 있는 도시민들은 대부분 타이유세*를 납부하지 않았다. 반면 농촌지역은 보다 손쉽게 착취할 수 있는 지역이었다.

가장 무거운 부담을 진 것은 중간계층 이하의 농민들이었다. 농촌지역 주민들은 비슷한 수입을 가진 도시민들보다 2배나 많은 세금을 내야 했다. 가진 것이 얼마 없는 사람들은 부자들보다

* 토지에 부과되던 세금.

세금에 의한 구매력 감소가 더 심했다. 이 가난한 사람들은 인구의 대다수를 차지했고 소비수요의 대부분을 만들어냈다. 따라서 이들에게 집중된 세금부담은 시장의 성장을 더욱 저해했다.

절대왕정이 확립된 17세기에 프랑스의 경제는 성장을 멈추었고 여러 차례 위기를 맞이했다. 프랑스뿐만 아니라 군대의 규모가 급격하게 늘어난 대부분의 대륙 국가들이 전반적인 경제침체와 퇴보를 경험했다. 17세기의 처음 30년 동안은 종교전쟁이 끝난 후 경제회복이 이어진 시기였다. 그러나 좋은 시절은 오래 이어지지 못했다. 1630년을 전후해서 몇 년 사이에 세금부담이 두 배 이상으로 증가했기 때문이었다.

그러나 시장은 살아남았다.

시장의 정체와 퇴보는 그것에 의존하여 증가했던 농업생산력을 갉아먹었다. 리슐리외의 시대에서 루이 14세의 통치기까지의 시기(17세기 초~18세기 초)를 가장 특징짓는 것은 농업생산과 그것의 상업활동의 부진이었다.[3] 식량생산량은 제자리에 머물거나 오히려 감소했다. 그로 인해 여러 차례 기근이 찾아와 수백만 명이 목숨을 잃었다.

루이 14세의 치세가 끝난 1715년 프랑스의 인구는 1600년보다 낮은 수준이었다. 17세기에 찾아온 소빙하기가 어느 정도 농업환경을 악화시킨 것은 사실이지만, 같은 기후대에 위치한 영국에서 이 기간 동안 농업생산력이 꾸준히 상승했고 기근이 발생하

1693년과 1694년 대기근이 프랑스를 휩쓸었다. 약 150만 명이 배고픔 속에 죽어갔다. 루이 14세의 통치 아래서 프랑스의 경제는 세금과 전쟁에 의해 휘청거렸다.

지 않았다는 사실은 프랑스의 식량부족이 단순히 기후악화에서 비롯된 것이 아님을 말해준다.[4]

농업잉여의 증가가 정체되자 그것을 에너지원으로 삼아 일어난 중앙 무력집단의 성장 또한 한계에 부딪혔다. 중앙 무력집단이 계속 성장하기 위해서는 시장으로부터 농업잉여를 더 빼앗아와야 했는데, 그러면 시장이 더 위축되고 그 결과 농업생산력이 더 감소할 것이기 때문에 그것은 물리적으로 실현 불가능했다. 게다가 중앙권력의 확장에 의해 야기된 경제파탄과 그것이 국민들에게 가한 고통은 국민들의 불만을 고조시켰다.

위세 높은 태양왕이 권좌에 앉아 있는 동안에도 국민들의 불만을 완전히 수면 아래로 눌러 내리지 못했다. 그의 통치기 역시 국내의 각종 반란으로부터 자유롭지 못했다. 이러한 반란은 정권에게 단순히 귀찮은 문제가 아니라 심각한 위협으로 받아들여졌다.[5] 치세 말기로 가면서 전제적 왕권에 대한 회의와 비판이 고개를 들기 시작했다.

1715년 루이 14세의 죽음 이후 중앙 무력집단은 더 이상 제왕 개인의 권위의 뒷받침을 받아 국민들의 불만을 억누르고 높은 착취 수준을 유지할 수 없게 되었다. 18세기 동안 국가수입의 절대가치는 2배 이상 늘어났지만, 물가상승과 인구증가를 감안했을 때 프랑스 국민 개개인이 지는 세금부담은 가벼워졌다. 동시대의 관찰자인 미라보는 루이 15세가 선대의 왕들보다 가난하고 그가 필요로 하는 것에 비해 충분하지 못한 수입을 얻고 있다고 기록했다.[6]

루이 15세의 시대에는 프랑스가 전쟁을 치르는 동안에도 세금부담이 경제를 크게 위축시킬 만큼 무겁지 않았다. 시장은 오스트리아 계승전쟁(1740-1748)과 7년전쟁(1756-1763)을 근소한 피해만 입고 잘 견뎌냈고, 농업생산력 또한 거의 훼손되지 않았다.[7]

프랑스에서 중앙 무력집단의 성장은 시장의 성장이라는 1차적인 현상에 의해 농업상산력이 증가하면 거기서 나온 잉여를 분배받아 일어난 2차적인 현상이었다. 중앙 무력집단은 시장의 성장이 먼저 일어난 이후에야 그것에 뒤따라 성장할 수 있었다. 이러한 역학관계는 시장을 중앙 무력집단으로부터 보호하는 역할을 했다.

17세기에 중앙 무력집단이 지나치게 성장하여 시장을 짓누르자 농업생산력이 정체 또는 감소되었다. 농업잉여의 공급이 정체 또는 감소하자 중앙 무력집단의 성장은 중단되었고 그 결과 시장에 가해지는 압박도 누그러졌다. 그리하여 시장은 태양왕의 시대를 살아남았고 18세기에는 다시 성장을 이어나갈 수 있었다.

1715년 이후 프랑스의 경제는 17세기의 정체에서 탈출하여 긴 성장국면에 진입했다. 루이 14세가 사망한 이후 프랑스혁명이 일어난 1789년까지 프랑스의 교역규모는 5배로 증가했다.[8] 18세기 프랑스의 경제성장은 전에 없이 역동적인 것이었다. 일부 학자들은 이 시기 프랑스의 경제성장률이 연간 1%에 달해 당시 산업혁명을 향해 나아가고 있었던 영국의 0.7%보다 더 높았다고 추정했다.[9]

인구가 30% 이상 증가했지만 농업생산량은 그보다 더 늘어나 국민들의 생활수준이 향상되었다. 먹고 살기가 나아지면서 프랑스의 국민들은 교육에 시간과 돈을 투자할 여유를 갖게 되었다. 1700년경만 해도 80%에 이르렀던 문맹률은 1789년에는 40% 수준으로 감소했다.[10]

교육을 받은 중간계층 이하의 생산자들은 부르주아나 식자층의 지도에 수동적으로 의존하던 과거와 달리 주도적으로 정치활동에 참여하여 생산자들의 조직력을 강화시켰다. 1589년 파리가 시민들에 의해 바리케이드로 둘러쳐졌을 때 봉기의 지도자들 중

상인은 19%, 장인은 고작 1.6%만을 차지했다. 프롱드의 난(1648-1653) 동안 파리의 장인과 소상점주들은 뚜렷한 주관 없이 갈팡질팡했다. 반면 1789년에 이들은 혁명을 주도하는 세력 중 하나였다. 파리의 상퀼로트*를 지도한 민사위원회의 구성원은 72.7%가 장인과 소상점주로 이루어져 있었다.[12)]

누구보다도 18세기 경제성장의 혜택을 가장 많이 누린 계층은 부르주아였다. 중세시대에 시장의 태동과 함께 등장한 이 계층은 이 시대에 와서는 시장의 성장에 힘입어 왕국에서 가장 큰 경제적 힘을 가진 세력이 되어 있었다.

17세기에 부르주아는 전체 토지의 15%를 소유하고 있었는데, 혁명 직전에 와서는 두 배로 증가한 30%를 차지하고 있었다. 40-45%를 보유한 농민들과 합치면 평민들은 농경사회에서 부의 원천이었던 토지의 70% 이상을 통제하고 있었다.

그러나 국가의 부의 대부분을 소유한 제3신분**은 여전히 정치권력에서 배제된 채 전체 토지의 20-25%를 소유한 귀족들에게 지배당하고 있었다. 이러한 모순적인 상태는 지속될 수 없었다.

* 당시 프랑스에서 귀족들이 일반적으로 입었던 하의인 퀼로트를 입지 않은 무산계층을 일컫는 말.

** 혁명 이전의 프랑스 사회는 3개의 계급으로 구분되었다. 제1신분은 성직자, 제2신분은 귀족, 그리고 제3신분은 평민이었다. 성직자는 그 고위직은 귀족으로, 하급직은 평민으로 분리되어 있어 실질적으로 프랑스에는 귀족과 평민이라는 두 개의 계급만이 존재했다.

유복한 부르주아 가족. 18세기 프랑스의 부르주아는 경제적으로 번영을 누렸으나 정치적으로는 여전히 지배당하는 위치에 있었다.

프랑스 혁명

영국의 귀족들과 달리 프랑스의 귀족들은 번듯하게 성장한 관료조직과 군대에서 새로운 부와 지위의 원천을 찾을 수 있었다. 관직은 정기적인 급료에 더해 수수료와 뇌물 등으로 그것을 소유한 자들에게 추가적인 수입을 가져다주었다. 왕의 신임을 얻어

고위관직에 오르게 되면 한순간에 부귀영화를 거머쥘 수 있었다. 과거 자신들의 지방을 호령하던 대귀족들은 관직과 관대한 연금, 하사금을 얻기 위해 왕의 궁전 주변으로 모여들었다.

귀족들은 거대하게 팽창한 왕의 군대에서 장교 자리를 거의 독점적으로 차지했다. 루이 14세 시대에는 2만 명가량의 장교가 있었는데, 그 중 80%는 귀족 출신이었다. 장교들은 일반 병사들보다 최소 10배 이상의 급료를 받았다. 17세기 말에 전체 귀족남성의 1/6, 군복무 연령대 귀족의 약 1/3에서 1/2이 군대에 속해 있었다.[12)]

중앙집권적 무력집단이 부와 권력을 얻을 상당한 기회를 제공했기 때문에 프랑스의 귀족들은 영국의 귀족들과 달리 '천한' 생산활동으로 거의 돌아서지 않았다. 이는 프랑스의 귀족들이 새로운 시대에 적응하는 것을 막아 이들에게 오히려 독이 되었다.

자본을 소유하고 있었던 프랑스의 귀족들은 경제활동에 관심을 갖고 참여하기만 하면 영국의 귀족들이 그랬던 것처럼 자본가로서 시장의 성장에서 가장 큰 이득을 얻을 수 있었을 것이다. 그러나 프랑스의 중앙 무력집단이 제공한 기회는 귀족들의 관심을 묶어둘 만큼 충분히 화려했다.

시장이 지배적이 되어 가는 사회에서 낡은 생활방식에 매달리고 있던 귀족들은 경제적으로 점차 쇠퇴해가고 있었다. 18세기 들어서 귀족들은 그들의 악화되는 재정상태를 만회하기 위해 정치권력에서의 특권에 더욱 악착같이 매달렸다. 귀족들은 중앙 정부와 지방 정부, 군대와 교회에서 제3신분 출신들을 몰아내고 중요한 자리를 독차지했다.

루이 16세의 대신들은 1명을 제외하고는 전부 귀족이었다. 고등법원은 평민들이 들어오는 것을 거부했고 지방장관 자리도 모두 귀족들이 차지했다. 교회에서도 고위직은 귀족들이 독차지했는데, 1789년에 모든 주교는 귀족이었다.[13] 1781년부터 군대의 장교가 되려는 자들은 그들이 4대 이상 내려온 귀족가문 출신임을 증명해야 했다. 귀족들에 의해 관직으로의 출세 길이 막히고 있다고 생각한 부르주아들은 귀족들에 대한 적대감을 키워갔다.

프랑스의 중앙 무력집단 역시 귀족들과 마찬가지로 경제적 어려움을 겪고 있었다. 왕실은 1780년대에 이르러 도저히 해결할 방도가 보이지 않는 재정적 위기에 빠져들었다. 표면상으로 드러난 원인은 미국 독립전쟁에 지나치게 많은 돈을 쏟아 부은 것과 특권층의 세금면제와 같은 조세제도 상의 모순이었다. 그러나 루이 14세의 시대에 프랑스는 끊임없이 전쟁을 수행했고 귀족들은 더 큰 재정적 특권을 누렸지만, 중앙권력은 경제를 황폐화시키는 한이 있어도 생산자들을 쥐어짜서 필요한 재원을 마련할 수 있었다.

루이 16세의 정부가 당면했던 진짜 문제는 18세기 시장의 성장에 의해 생산자들의 힘이 강해져서 더 이상 이들의 불만을 억누르고 필요한 세금을 뜯어낼 수 없게 됐다는 점이었다. 왕실 재정을 무릎 꿇린 것은 프랑스 납세자들의 저항이었다.[14]

강제로 빼앗지 못하는 것을 얻기 위해서는 동의를 구해야 했다. 국민들로부터 납세에 대한 동의를 얻기 위해 국왕은 1614년

루이 16세는 후대에 유유부단하고 무능한 왕으로 그려졌다. 의회파에 패배한 영국의 찰스 1세와 러시아 혁명에 의해 권좌에서 밀려난 니콜라이 2세 또한 비슷한 평가를 받았다. 시대의 거대한 흐름에 떠밀린 개인은 무력함을 드러낼 수밖에 없었다.

이후 175년간 열리지 않았던 삼부회를 소집했다. 전국에 걸쳐 선거가 치러졌고 각 지역에서 선출된, 전적으로 부르주아로 구성된 제3신분의 대표들이 베르사유로 모여들었다.

왕과 특권계급은 제3신분이 과거와 같이 지배받는 자의 위치에 만족하고 얌전하게 뒤에서 따라올 것이라 기대했지만, 부르주아들은 그들의 경제적 힘에 걸맞은 정치권력을 얻기 전까지는 물러서지 않을 작정이었다.

삼부회의 소집을 주도한 것은 귀족들이었다. 지방 무력집단인 이들은 삼부회를 지배하여 중앙 무력집단에게 빼앗긴 권력을 되찾을 생각이었다. 그러나 사건은 이들의 의도와는 다른 방향으로 흘러갔다. 생산자들의 대표들이 한 자리에 모임으로 인해 생산자들은 그때까지 그들이 갖지 못했던 정치적 구심점을 갖게 되었다.

생산자들에게는 그들의 힘을 하나로 모아줄 중앙조직이 없었는데, 무력집단이 그것을 마련해 준 것이다. 이 생산자들의 중앙조직은 생산자들의 거대한 집결지인 파리의 지원을 받아 무력집단의 지배에 도전하고 그것을 무너뜨리게 될 것이었다. 결과적으로 무력집단 스스로가 자신을 찌를 칼을 쥐어준 꼴이 된 것이다.

제3신분의 대표들은 왕과 귀족들이 그들을 여전히 종속적인 역할에 제한시키려 하자 자체적으로 국민의회를 조직하여 자신들이 국민을 대표한다고 선언했다. 부르주아 의원들의 요구는 훗날 혁명이 나아간 놀라운 거리를 생각해보면 그리 급진적이라고 할 수 없었다. 행정권은 오롯이 왕에게 속해 있고, 왕은 의회가 제정한 법을 임의로 승인하고 거부할 권한을 가진다는 점에 이의가 제기되지 않았다. 신분제 또한 부정되지 않았다. 제3신분 대표들의 의도대로 삼부회의 제1신분과 제2신분의 대표들이 국민의회에 그대로 합류하게 되면 인구의 1%도 되지 않는 성직자와 귀족이 국민의회 의석수의 절반을 차지하게 될 것이었다.[15]

국왕과 귀족들이 이쯤에서 제3신분과 타협했더라면 그들의 권력을 상당 부분 보존한 상태에서 파국을 면할 수 있었을 것이

테니스 코트에서의 맹세. 제3신분의 대표들은 국왕이 그들의 회의장을 폐쇄하자 인근의 테니스코트로 자리를 옮겨 그들이 요구한 헌법이 제정될 때까지 해산하지 않겠다고 선서했다.

다. 그러나 프랑스의 무력집단은 그들과 그들의 조상들이 천년 이상 생산자들을 지배하는 데 사용해온 수단으로 이 사태를 해결하려 했다. 무력이 동원된 것이다.

왕은 국민의회를 해산시키기 위해 군대를 불러들였다. 총검의 위협 앞에 의원들이 할 수 있는 것은 다가올 운명을 기다리는 것뿐이었다. 그들은 설마 교수형을 당하지는 않을 것이라고 스스로를 위안했다.

이때 민중의 무력이 개입했다. 무장을 갖춘 파리의 시민들은 수도를 접수했고 전제왕권의 상징이었던 바스티유를 함락시켰다. 싸움에 가담한 자들은 대부분 수공업에 종사하는 직공들이었다. 당시 파리의 60만 명의 인구 중에 이들은 7만 5천 명 정도였고, 이들의 가족까지 계산하면 30만 명 정도가 되었다.[16] 여기에 상점 주인과 작업장 주인, 행상인, 각종 노동자들, 부르주아를 합치면 생산자들의 수는 40만이 넘었다. 이들 중 일부만 봉기에 참여해도 수만 명의 군대가 되었다.

앞서 영국의 경우에서 설명했듯이 시장의 발전에 의한 도시의 성장은 많은 수의 생산자들을 도시라는 좁은 공간에 집결시켜 생산자들의 조직력을 강화시켰고, 이 조직력은 필요시에 군사력으로 전환될 수 있는 가능성을 가지고 있었다.

중앙집권적인 무력집단의 지배를 받은 문명들에서도 농업의 높은 생산성으로 인해 농업잉여를 소비하는 도시가 발달했다. 무굴 제국에서는 인구의 15%가 도시에 거주했고[17] 송나라에서는 인구의 20%가,[18] 고대 이후 이집트에서는 인구의 25% 이상이 도시에 거주했다.

그러나 중앙집권적 무력집단이 지배하는 사회에서 도시는 생산자가 아니라 무력집단이 한 군데 모여 주변의 농촌지역을 지배하는 행정과 군사 중심지로 성장했다. 상업과 공업 등 생산적인 부분이 도시에서 차지하는 부분은 부수적인 수준일 뿐이었다. 따라서 이러한 사회에서는 도시의 성장이 생산자들의 조직력과 군사력을 강화시키는 역할을 하지 않았다.

예를 들어 송나라의 카이펑은 파리보다 규모가 더 큰 도시였지만 그 인구 중 25만 명은 관료들과 그의 가족들이었고, 도시의 안과 주변에 최대 30만 명의 군대가 주둔하고 있었다. 장인들도 인구의 중요한 한 부분을 차지하고 있었으나 이들 중 다수가 국가가 운영하는 작업장에 속해 있어 사실상 국가에 종속되어 있었다.[19]

서유럽에서 도시의 성장을 가능케 해준 농업생산력의 발전은 시장의 성장에 의해서 이루어졌다. 따라서 도시의 성장은 시장과 연결된 생산적인 부분에 의해 주도되었다. 시장의 성장에 의해 증가한 농업잉여의 일부를 제공받은 중앙집권적 무력집단의 행정조직이 도시에 더해졌지만 도시의 생산자적인 성격을 잠식할 정도가 되지 못했다.

루이 16세는 약 2만 명의 군대를 파리 인근에 동원했지만 이 병력으로 파리를 제압하기에는 역부족이었다. 지방도 문제였다. 당시 프랑스의 인구 중 약 20%가 도시에 거주하고 있었다. 이후 혁명의 진행과정에서 드러나듯이 지방의 도시들도 파리만큼 무력집단 정부에 반항적이었다.

시골의 농민들도 과거와는 달랐다. 시장이 성장하면서 이들은 교역망에 의해 연결되어 과거의 고립에서 어느 정도 벗어나 있었다. 농민들은 1주일에 한번은 시장에 나가 넓은 세계와 교류했다.

군대의 충성심도 믿을 수 없었다. 생산자들로부터 전쟁을 수행하는 데 필요한 세금을 충분히 거두어들일 수 없게 된 프랑스 왕정은 18세기 동안 주변 강대국들과의 군사대결에서 거듭 패배했고 과거의 위상과 영광은 초라하게 위축되었다.[20] 국가재정이 파산상태에 이른 1787년에는 프로이센의 군대가 프랑스의 머리맡에 있는 네덜란드를 점령하는 것을 무기력하게 지켜보는 수밖

바스티유를 공격하는 파리시민들. 앙시앙 레짐은 파리시민들의 무력에 의해 붕괴됐다.

에 없었다. 군대의 마음은 계속적인 패배와 무력감을 안겨주는 정권으로부터 멀어졌다.

게다가 평민들이 장교가 되는 길을 막아버린 1781년의 조치는 평민 출신인 일반 병사들을 분노케 했고 이들의 정권에 대한 충성심을 떨어뜨렸다. 귀족 출신인 장교들은 제3신분 출신인 병사들이 자신들의 명령에 복종하여 같은 제3신분인 파리 시민들을 공격할지 확신하지 못했다. 바스티유가 함락된 후 일어난 대

량의 탈영은 병사들의 충성심에 대한 지배계급의 의구심을 더욱 굳어지게 했다.[21)]

결국 왕은 수도로부터 군대를 철수시킬 수밖에 없었다. 이는 무력집단이 생산자들과의 무력투쟁에서 굴복했음을 의미했다. 무력에 의해 유지되던 권력에게 이것은 사망선고와도 같았다. 파리의 승리 소식이 지방으로 전파되자 전국에서 앙시앙 레짐*은 사실상 증발해 버렸다. 중앙과 지방에서 권력은 부르주아의 손으로 넘어갔다.

민주주의, 생존을 위한 선택

부르주아 의원들은 혁명을 너무 민주적으로 끌고 나갈 생각이 없었다. 이들이 의도한 바는 가진자들이 지배하는 사회를 만드는 것이었다. 1791년에 제정된 헌법은 선거권을 일정 수준 이상의 재산을 가진 남성들에게로 한정했다. 2,500만 명의 프랑스 국민 중 약 400만 명이 이에 속했다. 같은 해에 치러진 입법의회 선거에서는 오히려 1788년에 삼부회의 대표를 선출했을 때보다 유권자의 수가 줄어 있었다.

국왕과 귀족들에게 과거의 권력을 되찾을 유일한 희망은 주변 군주국들의 개입뿐이었다. 많은 귀족들이 외국으로 도망쳐서 타국 군대를 자국으로 끌어들이는 데 공을 들이고 있었다. 왕은 비

* 프랑스혁명 이전의 구체제를 일컫는 말.

록 도주하다 붙잡혀서 도로 끌려왔지만 서신을 통해 외국 군주들에게 간섭을 애원했다.

이웃 국가들의 지배계급은 프랑스에서 일어난 하극상에 마음이 편치 않았다. 그들의 국경 내에도 혁명의 영향이 번져오고 있었다. 군주들은 서로 간의 불신과 알력다툼으로 단합된 행동을 취하는 데 어려움을 겪었지만 공통적으로 혁명을 증오했고 그것을 짓밟아버려야 한다는 데는 의견이 일치했다.

1792년 전쟁이 시작되었고 프랑스의 군대는 제대로 싸워보지도 못하고 무너져 내렸다. 생존을 위협하는 군사적 위기는 혁명을 보다 민주적인 방향으로 이끌었다.

국가의 더 많은 구성원들에게 정치적 권리가 주어질수록 더 많은 구성원들이 자신들이 권리를 가진 국가를 위해 기꺼이 군사적 의무를 수행한다. 따라서 사회가 민주적이 될수록 국민의 역량 중 더 많은 부분을 외국과의 무력투쟁에 동원할 수 있게 된다. 즉 국가의 군사적 효율성이 높아진다.

과거 부족적 단계의 사회가 군사적으로 가장 강력했던 것도 이 때문이었다. 부족들은 정치적 권리를 가진 자유민 남성 전체를 전쟁에 동원할 수 있었다. 또한 이들은 무력집단에 의해 억지로 끌려나온 피지배자들보다 싸우려는 의지가 더 강했다.

무력집단은 그들의 부 중 커다란 부분을 정치권력의 독점에서 얻었기 때문에 그것을 포기하는 것은 애초에 고려대상이 될 수 없었다. 반면 부르주아들은 무력집단과 달리 그들의 부를 기본적으로 경제적인 수단을 통해 얻었기 때문에 정치권력의 독점을 포

발미에서의 승리를 축하하는 프랑스 혁명군. 프러시아군 측에서 전투를 참관했던 괴테는 "오늘 여기서 세계 역사의 새로운 시대가 시작되었다."는 말을 남겼다.

기하더라도 그들의 경제적 기반은 크게 손상되지 않았다. 따라서 부르주아들은 민주주의와 타협하거나 적어도 그것을 참아낼 수 있었다.

프랑스군의 무기력한 패배로 부유한 자들에게만 선거권을 주는 정치체제로는 외국군대를 물리칠 만한 국민적 역량을 끌어낼 수 없음이 분명해졌다. 스스로의 힘으로는 위기를 극복할 수 없었던 부르주아들은 민중의 협력을 얻기 위해 정치적 양보를 했다.

하인을 제외한 모든 성인 남성에게 선거권이 부여되었다. 그로부터 약 한 달 후, 갓 입대한 의용군으로 이루어져 훈련도 경험도 부족했지만 높은 사기와 혁명에 대한 열정으로 무장한 프랑스의 의용군은 발미에서 당시 유럽에서 가장 강하다고 평가받았던 프로이센의 군대를 막아냈다.

1793년에는 더 큰 위기가 찾아왔다. 북쪽과 동쪽에서는 영국,

프로이센, 오스트리아의 군대가 침입해 들어왔고 남쪽에서는 스페인군이 국경을 넘어왔다. 혁명정부가 살아남을 수 있는 유일한 방법은 국민의 역량을 총동원하는 것밖에 없었다. 시대의 요구가 급진적인 산악파에게 권력을 쥐어주었다. 산악파가 주도한 국민공회는 민중의 협력을 끌어내기 위해 1791년의 헌법보다 훨씬 민주적인 헌법을 공포했다.

1793년의 헌법은 시대를 한참이나 앞선 혁신적인 것이었다. 그것은 모든 남성에게 보통 선거권을 부여했고 모든 주권은 인민에게 있다고 선언했다. 헌법의 전문인 인간과 시민의 권리 선언의 첫 조항에서 그것은 사회의 목적이 공공의 행복을 추구하는 것이라고 규정했다. 그 다음 조항들에서 그것은 모든 인간이 평등한 권리를 가지며 법에 의하지 않고서는 그 권리를 침해할 수 없다고 밝혔다. 그리고 그것은 국가에게 국민의 노동할 권리를 보장하고, 노동을 하지 못하는 자들의 생존 수단을 보장하며, 국민이 교육을 받도록 보장할 의무를 부여했다.

전쟁의 필요에 의해 만들어진 이 헌법은 전쟁의 수행을 위해 평화시로 적용이 미루어졌고, 대신 공안위원회에 의한 독재가 실시되었다. 외부로부터 다가오는 폭력의 위협에 맞서 싸운다는 구실로 내부에서의 폭력이 정당화됐다. 반대파에 대한 무자비한 숙청이 행해졌고 공포가 통치의 주요 수단으로 사용됐다.

그러나 어쨌든 산악파는 전쟁을 위해 민중의 협력을 이끌어내는 데는 성공했다. 1793년의 헌법이 공포되고 얼마 후 국민공회는 국민 총동원령을 선포했다. "젊은이는 전장에 나가고, 기혼자는 무기를 만들고 군수품을 운송하며, 여자는 군막과 군복을 만들고 병원에서 일하며, 노인들은 전사들의 용기를 고무시키고 공화국의 단결을 설교해야 한다."

프랑스는 국가의 모든 역량을 전쟁에 총동원했다. 그 결과 1794년에는 군대의 규모가 전투병력 75만 명을 포함해 무려 116만 명에 이르렀다. 이토록 많은 수의 신병들에게 짧은 시간 내에 정규적인 훈련을 제공하는 것은 불가능했다. 그러나 프랑스군은 우세한 숫자와 높은 사기, 그리고 높은 사기에 의해 가능한 공격적인 전술로 나머지 유럽 전체의 군대를 압도할 수 있었다.[22)] 1794년 6월 24일 플뢰리스 전투의 승리 이후 프랑스 혁명정부는 생존의 위기에서 벗어나 공세로 전환할 수 있었다.

그 후

그 후

영국과 프랑스에서 시장의 성장에서 비롯되어 일어난 두 개의 혁명은 그것이 가지는 우월성으로 인해 곧 주변 국가들로 확산되었다. 두 혁명과 불가분의 관계에 있는 시장경제도 같이 퍼져나갔다. 대륙의 국가들은 앞다투어 영국에서 일어난 경제적인 혁신을 받아들였다. 영국의 산업지역에 기계와 공장이 늘어나기 시작하고 얼마 안 있어 바다 건너에서도 비슷한 풍경이 나타났다.

기득권층이 가졌던 특권의 포기를 의미했던 정치부분에서의 혁명은 전파가 더뎠고 많은 진통이 야기됐다. 1814년 마침내 프랑스를 꺾은 유럽의 강대국들은 프랑스혁명을 무효로 만들려고 시도했다. 그러나 시장경제가 퍼져나가면서 무력집단의 정치권력 독점은 결국 약화될 수밖에 없었다. 게다가 국가 간의 군사경쟁에서 뒤처지지 않기 위해서 각국은 보다 넓은 계층에게 정치적 권리를 부여해야 했다.

1807년 프로이센은 프랑스군에게 패배하여 영토의 거의 절반을 빼앗긴 이후에 마침내 농노제를 폐지하였다. 그로부터 약 60년 후에는 모든 남성에게 보통 선거권을 부여하여 다른 유럽 국가들보다 오히려 앞서 가는 모습을 보여줬다. 개혁의 결과 프로이센은 프랑스를 제압하고 독일통일을 달성할 수 있었다.

변화의 근원지로부터 멀리 떨어진 국가들은 자발적으로 변화를 수용할 기회를 거의 갖지 못한 채 식민화라는 결과로 지리적 불운함의 대가를 치러야 했다. 월등한 기술력과 생산력, 그리고 정치제도의 뒷받침을 받은 서양의 근대적 군대는 세계의 대부분을 정복했다.

조선 역시 19세기 말 개혁을 시도했으나 이미 시기가 너무 늦어 얼마 지나지 않아 먼저 서양문물을 받아들여 부강해진 일본의 식민지로 전락했다. 해방 후 한반도의 남부는 시장경제와 민주주의의 혜택을 누릴 수 있었으나 불행하게도 소련의 영향권에 들어간 북부는 아직까지도 가난과 독재에 고통 받고 있다.

국가의 폭력에 의해 뒷받침되는 관료조직이 경제를 지배했다는 점에 있어 공산주의 정권은 무력집단과 별반 다르지 않았다. 시장을 배격한 공산주의체제는 시장의 힘에 의해 역동적인 경제성장을 이룬 시장경제체제와의 경쟁에 밀려 20세기 말에 이르면 거의 사라져버렸다. 공산정권이 들어선 국가들 외에도 서양의 식민지배에 대한 반감으로 인해 많은 제3세계 국가들이 서구의 시장경제 대신 동구권의 계획경제를 받아들였고 이는 이 국가들이 경제적으로 뒤처지는 원인이 됐다.

조선시대의 중앙집권적인 문관사회는 시장의 성장을 가로막아 국가의 발전을 지체시켰지만 일단 시장경제와 민주주의가 도입되자 확실한 이점으로 작용했다. 강력한 중앙정부의 전통은 한국에 정치적 안정을 가져와 경제활동이 안정적으로 이루어질 수 있게 해 주었고, 중앙정부 주도의 경제발전 전략이 효과적으로 적용될 수 있게 해주었다.

중국문화권의 국가들에서 시행된 과거제도는 무력집단의 발전과정에서 권력의 중앙집중화가 최고조에 다다라 나타난 정치체제였다.

지방분권적 무력집단이 지배하는 사회에서 지방의 무력집단들은 그들이 가진 군사력에 의해 사적인 정치권력을 행사했다. 그들은 그들 지방의 권력조직을 사적으로 소유했고 이를 그들의 자손에게 세습했다. 중앙 무력집단의 지배력이 지방으로 확장되면서 지방 무력집단의 사적인 권력조직은 국가의 관료조직에 의해 대체되었다. 그러나 관료조직이 지방에 자리잡은 후에도 지방 무력집단의 상층부는 관직을 독점함으로써 과거의 세습적 권력을 상당 부분 유지했다. 지방의 유력자와 고위 관료의 자손들은 그들의 태생에 의해 관직을 얻었다. 고위직은 대부분 이들 세습 귀족들의 차지였다. 이후 중앙권력이 강화되면서 국가관직에 대한 귀족들의 세습적인 권리는 점차 약화되었다.

중원의 농경민들은 막강한 군사력을 지닌 동부 유라시아초원의 기마민족들을 바로 머리맡에 두고 살아야 했다. 한족이 북방의 유목민족들에 의해 가해진 군사적 압력을 견디고 살아남아 그들의 정체성을 유지할 수 있었던 것은 그들이 점유하고 있던 농경지역의 거대한 규모 덕분이었다. 중국의 왕조들은 광대한 농경지역에서 공급된 인력과 자원을 군사력으로 전환하여 유목민들의 가공할 기병군대를 방어할 만한 군사력을 만들어낼 수 있었다.

외부로부터의 크나큰 군사적 위협은 그것에 대응하기 위한 권력의 집중화를 가져왔다. 광대한 지역에서 모아진 인력과 자원을 통제하는 중국의 황제들은 무소불위의 권력을 휘둘렀다.

당나라 시대 이후 생산력 높은 강남지방이 본격적으로 개발되면서 중앙집권화가 한 단계 더 진행되었다. 그 결과 지방의 귀족들이 국가권력에 대해 가지고 있던 세습적인 권리는 사실상 소멸되었고 국가의 권력조직에 대한 통제권은 중앙권력으로 완전히 넘어갔다. 세습귀족들에게 관직을 배분할 필요가 없어진 중앙정부는 그것이 필요로 하는 유능한 인재들을 선발하기 위해 시험에 의한 관료선발제도인 과거제도를 도입했다.

중국의 경우와 같이 외적의 침입을 막아내기 위해 강한 중앙집권적 성향을 가졌던 한반도는 중국에서 전해진 과거제도가 시행되기에 적합한 조건을 가지고 있었다. 수전농법의 확산으로 농업생산력이 고려시대보다 증가한 조선시대에는 과거시험이 관료를 등용하는 일반적인 통로로 자리잡았다.

과거제도 하에서는 가문보다는 개인의 학문적 능력이 출세를

벽보에 게시된 과거시험 결과를 확인하고 있는 사람들. 1540년 명나라시대 작품. 과거시험은 교육을 통해 신분상승을 이룰 수 있는 길을 열어주었다.

가르는 보다 중요한 척도가 되었다. 조선시대는 전근대적 사회의 기준으로 봤을 때 신분이동이 아주 활발한 사회였다. 위세 높던 가문도 자손들이 똑똑하지 못하고 공부를 게을리해서 몇 대에 걸쳐 과거 합격자를 배출하지 못하면 몰락의 길로 접어들었다. 반면 집안이 변변치 못한 사람도 열심히 공부해서 과거에 급제하면 관료로 높은 자리에 오를 수 있었다. 조선시대에 과거시험 급제자 중 35.72%가 낮은 신분 출신이었고 19세기에는 이 비율이 55.08%로 증가했다.[1)]

비록 백성들의 삶을 나아지게 하는 데는 아무런 쓸모가 없는 학문을 익히는 데 사회의 에너지가 온통 낭비되었지만, 어쨌든 이렇게 교육을 통해 출세를 이룰 수 있는 사회에서 수백 년 이상 살아오면서 한국인의 의식 속에는 교육을 극히 중요시하는 태도가 뿌리내렸다. 세계에서 가장 높은 교육열에 의해 공급된 우수한 인력은 한국의 경제성장에 있어 가장 중요한 원동력이었다. 과거제도를 시행했던 다른 중국문화권의 국가들에서도 높은 교육열이 경제발전에서 큰 이점으로 작용했다.

유럽이나 유럽 이민자들의 국가 이외에 서구와 경쟁할 만한 경제를 건설한 나라들은 모두 동아시아에 집중돼 있는데, 이것은 이 지역의 기후적 환경과 밀접한 관련이 있다.

동아시아는 유럽과 같이 기후가 온화하고 강수량이 풍부하여 대부분의 평원지역이 농경에 적합하다. 덕분에 이곳에는 농경생활이 보편적으로 자리 잡았다. 농업이 제공한 단단한 경제적 기반은 그 위에 세워진 사회의 안정성을 높여주었다. 또한 균일한 농경생활을 영위하는 국가 내의 각 지역들은 서로 이질감 없이 통합되기 수월했다.

동아시아의 농경민족들은 천 년 이상의 시간을 통일왕조의 지배 아래서 보내면서 하나의 국민이라는 정체성을 형성했다. 덕분에 동아시아인들은 근대적 국민국가 체제에 쉽게 적응할 수 있었다.

건조한 서남아시아와 북아프리카에서는 농경이 물이 풍부한 일부 지역에서만 이루어졌다. 좁은 강변이나 간혹 가다 나타나는 오아시스 지대를 벗어나면 광활한 사막이 펼쳐진다. 관개가 가능한 물가에서는 아주 이른 시기부터 중앙집권적 무력집단을 부양

19세기말의 베두인들. 이들은 제국의 통제 밖에 존재했다.

할 만큼 생산성 높은 농경이 이루어졌지만 건조한 사막지대는 농경이 불가능해 예로부터 유목민족의 생활공간이었다. 호전적이고 전쟁에 능한 이 부족들을 통제하는 것은 극히 어려운 일이었다.

20세기 초에 이르기까지 유목부족들은 그들의 생활방식에 따라 목초지를 찾아 이리저리 옮겨 다니며 농경민들로부터 보호비를 뜯어내고, 서로 간에 혹은 제국을 상대로 싸움을 벌이는 독립적인 군사집단이나 마찬가지여서 지역에 정치적 불안정성을 가져오는 요인으로 작용했다.

크지 않은 규모로 분리되어 흩어져 있는 농경지역들은 침입자들로부터 스스로를 방어할 만한 거대 세력을 형성할 수 없었다. 그로 인해 수천 년 동안 이어진 이민족들의 지배는 통합된 국가가 내부로부터 자생적으로 자라나는 것을 가로막았다. 지배계급과 피지배계급 사이의 민족적 이질성에 의해 이 지역의 정권들은 더욱 착취적이고 자의적이었다. 제도와 법에 의한 통치보다는 폭력을 통한 피정복민에 대한 억압이 우세했다.

조선의 문관들은 비록 그들의 권력이 궁극적으로는 군사력에 기반을 두고 있었을지라도 어쨌든 행정조직의 틀 안에서 다스렸다. 반면 서남아시아와 북아프리카의 이민족 군사귀족들은 피정복민을 대하는 데 있어 정제되지 않은 직접적인 폭력에 의존하는 경향이 더 강했다.

신민들과의 결속력이 약한 정부의 존재감은 지역사회로 깊숙이 스며들지 못했다. 때문에 사람들은 정부보다는 지역의 힘 있는 자들에게 의존했다. 그 결과 권력자들과 지역민들 사이에 후견적인 관계가 형성되었다.

부족적인 분열성과 불안정성, 정권의 폭력성, 후견주의는 20세기 이후 이 지역에 들어선 국가들이 여전히 떠안아야 하는 문제였다. 배타적인 파벌 중 일부의 지지만으로 권력을 잡은 정권은 그것의 제한적인 지지기반 때문에 강력한 경제개발 정책을 펼치기 어려웠다. 파벌간의 싸움에 폭력성이 더해져 자국의 도시를 초토화시켜 수만 명을 학살하고 심지어 자국민에게 생화학 무기를 사용하는 일까지 벌어졌다. 후견주의는 정부의 극심한 부패를 불러왔다.

사하라 이남의 아프리카는 농경에 불리한 환경을 거의 종합적으로 가지고 있다. 사하라 사막의 남쪽으로 이어지는 사바나 지대는 천수농경이 가능할 정도의 비가 내리나 증발량이 많고 강수가 불안정하여 안정적인 농경 정착지가 형성되기 힘들었다. 영구적인 농경 정착지는 강수량이 풍부한 일부 해안지역이나 강과 호숫가를 거의 벗어나지 못했다. 기후가 좋을 때에는 물가 너머로 확장이 일어난다고 해도 주기적으로 찾아오는 재앙적인 가뭄이 수십 년 간의 노력을 모두 파괴하고 원점으로 되돌려 버렸다

남쪽으로 더 내려가 적도에 가까워지면 풍경은 열대우림으로 바뀐다. 농경생활은 철기가 사용된 후에도 이 빽빽한 밀림을 거의 뚫고 들어가지 못했다. 건조한 지역에서도 인간을 괴롭히는 기생생물과 전염병은 습한 지역으로 들어갈수록 더욱 기승을 부린다. 수면병과 말라리아 같은 치명적인 질병은 평원의 농민들이 숲으로 진출하는 것을 막았다.[2)]

훗날 아프리카에 들어온 유럽인들도 질병에 대한 두려움 때문에 내륙 지역으로 식민화를 진행시키지 못했다. 밀림지대에서 남쪽으로 더 이동하여 적도에서 멀어지면 지금까지 나타났던 변화가 거꾸로 펼쳐진다. 사바나 지대를 거쳐 다시 사막이 나타난다. 이곳의 주요 생활수단은 목축이었다.

낮은 농업생산력 때문에 사하라 이남 아프리카에서는 19세기 유럽인들의 식민지배가 시작될 때까지 국가라고 불릴 만한 정치체제가 거의 형성되지 못했다. 주로 강수량이 적당한 사바나와 밀림의 경계지대에 나타났던 왕국들도 정복에 의해, 또는 상호

사하라 이남 아프리카의 풍경. 사막이 끝나면 사바나가 펼쳐지고, 사바나 너머에는 정글이 자리 잡고 있다. 이중 어떠한 환경도 농경에 우호적이지 않다.

이익에 의해 연결된 부족들의 연합체 이상으로 별로 나아가지 못했다. 19세기에 사하라 이남 아프리카는 약 1만 개의 정치단위들로 잘게 쪼개어져 있었다.

유럽인들의 식민지배는 아프리카의 분리적 성향을 정치적 실체로 만드는 역할을 했다. 광대한 아프리카 대륙에 중앙집권적인 통치조직을 세우기에는 인력과 자금, 통신수단이 부족했던 유럽인들은 각 지역의 토착 정치조직을 이용하여 간접 지배하는 방식을 택했다.

행정적인 필요 외에 아프리카의 식민지들을 통합된 국가로 다스릴 경우 토착의 부족적인 사회구조가 해체되어 다른 지역의 식민지들처럼 국민주의가 자라나 식민지배에 반기를 들 것이라는 두려움도 이 정책의 원인이었다.[3)]

유럽인들은 그들이 '부족'이라고 잘못 이름붙인 범주의 사람들, 실제로는 비슷한 언어와 문화를 가진 민족에 가깝고 과거 여러 개의 독자적 의사결정 체제에 속했던 사람들을, 하나의 정치적 단위로 묶어 자신들의 통제를 받는 토착의 우두머리와 권력조직이 이를 지배하게 했다. 느슨하고 유동적이었던 아프리카의 정치적 단위들은 이로 인해 '부족'이라는 실제적인 행정적 단위로 고착화되어 분명한 정치적 실체를 갖게 되었다. 그들을 '부족'으로 나눈 식민지 지배구조 아래서 생활하면서 아프리카인들은 스스로가 '부족'에 속한다는 인식을 갖게 되었고 부족주의가 자라나게 되었다.

식민 정부들은 토착의 지배자들을 활용했을 뿐만 아니라 위계질서가 발달하지 않았던 지역들에는 우두머리들을 새로 만들었다. 지역사회를 효과적으로 지배하고 착취하기 위해 우두머리들은 억압적인 권력을 부여받았다. 독재적 권력은 부패와 후견주의를 가져왔다.

맘다니가 '분산적 전제정' 이라고 이름붙인 이 통치체제는 훗날 아프리카의 정치적 발전에 치명적인 걸림돌이 될 것이었다.[4] 이것은 민족적 분열을 고착화시켰고, 아프리카 원주민 사회의 민주적 전통을 파괴하고 독재적 성향을 강화시켰다.

한국인들은 근대화 이전에도 이미 오랜 시간 동안 중앙집권적인 국가의 지배 아래 통합되어 하나의 국민이라는 정체성을 가지고 있었다. 조선시대의 능력에 의해 선발된 관료조직은 그것의 권위가 국민이 아닌 임금으로부터 나온다는 사실을 제외하면 현대의 관료체제와 아주 흡사했다. 덕분에 한국인들은 근대적 국민국가체제에 쉽게 적응할 수 있었다. 안정적이고 잘 통합된 정치적 환경 아래서 한국인들은 경제성장에 매진할 수 있었다. 높은 교육열에 의해 길러진 우수한 인력은 다른 국가들과의 경쟁에서 우위에 설 수 있게 해주었다.

반면 아프리카인들은 근대에 이르기까지 부족적 사회에서 벗어나지 못하고 있었다. 이들은 강력한 중앙정부 아래 통합된 국가나 관료조직에 의해 운영되는 안정적인 정치체제, 교육을 통해 신분상승을 이룰 수 있는 사회를 경험해보지 못했다.

20세기 중반 아프리카인들이 독립을 되찾았을 때 유럽의 식민통치에 의해 더욱 강화된 아프리카의 부족적인 분열성과 근대적 국민국가 사이에는 너무나도 큰 괴리가 존재했다. 아프리카인들은 그들의 현실과는 동떨어진 근대적 국가체제에 스스로를 짜맞추어야 하는 어려운 과업을 짊어져야 했다.

오랜 세월 좁은 지역에 국한된 부족의 일원으로 살아왔던 이들은 이들의 지역과 부족에 대한 소속감이 국가에 대한 그것보다 훨씬 컸고, 국가보다는 부족에 대한 충성심이 우선이었다. 아프리카 국가들에서 정치활동은 부족을 중심으로 이루어졌다. 유권자들은 그들의 부족과 지역의 입장에서 투표를 했고, 정치인들은 권력싸움에서 승리하기 위해 부족주의를 조장했다. 선거전은 부족들 사이의 대결이 되는 것이 보통이었다.

정권을 잡은 정치인들은 국가가 아니라 자신의 부족에게 이익이 돌아가도록 정부를 움직였다. 이는 정부가 효율적으로 작동하지 못하게 하였을 뿐 아니라 다른 부족들의 불만을 불러 결국 파멸적인 내전으로 이어졌다.

고통스러운 시행착오를 겪은 뒤 아프리카인들은 점차 새로운 정치적 · 경제적 환경에 적응해가고 있다. 어느 정도 정치적 안정이 찾아오자 시장경제의 효과가 나타났다. 20세기 말까지만 해도 암울하게만 보였던 사하라 이남 아프리카는 21세기 들어서 세계에서 가장 빠르게 성장하는 지역이 되었다.

미 주

1. 시장과 폭력

1) Harriet E. W. Crawford, *Sumer and the Sumerians*, Cambridge University Press, 2004, pp. 158-166.

2) J. N. Postgate, *Early Mesopotamia: Society and Economy at the Dawn of History*, Routledge, 1994, p. 78-79.

3) Foster, Benjamin, "A New Look at The Sumerian Temple State," *Journal of the Economic and Social History of the Orient*, Vol.24, No.3, 1981, p. 239.

4) Harriet E. W. Crawford, *Sumer and the Sumerians*, Cambridge University Press, 2004, p. 168.

5) Daniel T. Potts, *Mesopotamian Civilization: The Material Foundations*, Cornell University Press, 1997, pp. 80-82.

6) Lawrence H. Keeley, *War Before Civilization,* Oxford University Press, 1997, p. 93.

7) Azar Gat, *War in Human Civilzation,* Oxford University Press, 2006, pp. 56-113.

8) Gordon Hillman, "Wild Plant-foods of Northern Fertile Cresent," David R. Harris ed., *The Origins and Spread of Agriculture and Pastoralism in*

Eurasia, Smithsonian Institution Press, 1996, pp. 178-195.

9) Naomi F. Miler, "The Origin of Plant Cultivation in Near East," C. Wesley Cowan, Patty Jo Watsoneds., *The Origins of Agriculture: An International Perspective*, University of Alabama Press, 2006, p. 39.

10) Anna Belfer-Cohen, Ofer Bar-Yosef, Early Sedentism in Near East," Ian Kuijt ed., *Life in Neolithic Farming Communities: Social Organization, Identity, and Differentiation*, Springer, 2000, pp. 19-31.

11) Mark C. Elliott, *The Manchu Way: The Eight Banners and Ethnic Identity in Late Imperial China*, Stanford University Press, 2001, p. 57.

12) Massimo Livi Bacci, *The Population of Europe: A History*, Blackwell Publishers, 2000, p. 38.

2. 부족적 사회단계

1) R.U.S. Prasad, *The Rig-Vedic and Post-Rig-Vedic Polity (1500 BCE-500 BCE)*, Vernon Press, 2015, pp. 123-124.

2) Patrick Vinton Kirch, *The Evolution of the Polynesian Chiefdoms, Cambridge University Press*, 1989, pp. 198-199.

3) Leland Donald, *Aboriginal Slavery on the Northwest Coast of North America*, University of California Press, 1997, p. 33.

4) Elsdon Best, *The Maori as He Was: a brief account of Maori life as it was in pre-European days*, Owen, 1952, pp. 94-97.

5) Herwig Wolfram, *History of the Goths*, University of California Press. 1990, pp. 94.

6) James Belich, *Making Peoples: A History of the New Zealanders, from Polynesian Settlement to the End of the Nineteenth Century,* University of Hawaii Press, 1996, p. 159.

3. 지방분권적 무력집단

1) 진덕재, 『한국고대사회경제사』, 태학사, 2006, pp. 25-27.
2) 존 키건, 『세계 전쟁사』, 유병진 옮김, 까치, 1996, pp. 241-242.
3) Edward L. Shaughnessy, "Historical Perspectives on the Introduction of the Chariot into China," *Harvard Journal of Asiatic Studies* 48(1), 1988, pp. 229-231.
4) Christon I. Archer, John R. Ferris, Holger H. Herwig, Timothy H. E. Travers, *World History of Warfare*, Univerity of Nebraska Press, 2002, pp. 147-150.
5) Keith F. Otterbein, *How War Began,* Texas A&M University Press, 2004, pp. 169-170.
6) Richard A. Gabriel, *The Great Armies of Antiquity,* Greenwood Publishing Group, 2002, p. 147.
7) Cho-yün Hsü, *Ancient China in Transition: An Analysis of Social Mobility, 722-222 B.C.,* Stanford University Press, 1965, p. 107.

4. 과도기적 단계

1) Sarva Daman Singh, *Ancient Indian Warfare: With Special Reference to the Vedic Period*, Brill Archive, 1965, pp. 13-15.
2) John Albert Lynn, *Battle: A History of Combat and Culture,* Westview Press, 2003, p. 56.
3) Azar Gat, *War in Human Civilzation,* Oxford University Press, 2006, p. 352.
4) Ram Sharan Sharma, *India's Ancient Past,* Oxf ord University Press, 2005,

p. 159

5) Victor F. S. Sit, *Chinese City and Urbanism: Evolution and Development,* World Scientific Publishing, 2010, p. 108.

6) Yamazaki Gen'ichi, *The Structure of Ancient Indian Society: Theory and Reality of the Varna System,* University of Tokyo Press,, 2005, pp. 140-141.

7) Cho-yün Hsü, *Ancient China in Transition: An Analysis of Social Mobility, 722-222 B.C.,* Stanford University Press, 1965, p. 129.

8) Wolfram Eberhard, *A History of China,* University of California Press, 1969, p. 56.

9) Radhakumud Mookerji, *Chandragupta Maurya and His Times*, Radhakumud Mookerji, 1966, pp. 166-167.

5. 중앙집권적 무력집단의 문인사회

1) Bruce G. Trigger, *Understanding Early Civilizations: A Comparative Study*, Cambridge University Press, 2003, p. 295.

2) Toby A. H. Wilkinson, *Early Dynastic Egypt,* Routledge, 1999, pp. 115-116..

3) Toby A. H. Wilkinson, "The Rise of Egyptian Civilization," Bruce G. Trigger, ed., *Ancient Egypt: A Social History,* Cambridge University Press, 1983, p. 56.

4) William James Hamblin, *Warfare in the Ancient Near East to 1600 BC*, Routledge, 2006, pp. 354-356.

5) John Baines, "Society, Morality, and Religious Practice,“ Byron E. Shafe ed., *Religion in Ancient Egypt: Gods, Myths, and Personal Practice,* Cornell University Press, 1991, pp. 161-164.

6) Xinzhong Yao, *An Introduction to Confucianism*, Cambridge University

Press,, 2000, pp. 43-45.

7) C. H. W. Johns, *The Relations between the Laws of Babylonia and the Laws of the Hebrew Peoples,* British academy, 1914, pp. 7-8.

8) William James Hamblin, *Warfare in the Ancient Near East to 1600 BC*, Routledge, 2006, pp. 192-198.

9) 이성무, "조선시대의 신분구성과 그 특성," 조선사회연구회, 『조선사회 이렇게 본다』, 지식산업사, 2010, p. 126.

10) Joseph Needham, *Science and Civilization in China,* Vol.1, Part 2, Cambridge University Press, 1974, p. 287. Gang Zhao, *Man and Land in Chinese History: An Economic Analysis*, Stanford University Press, 1986, p. 110.

11) Peter Lorge, "The rise of mratial: Rebalancing wen and wu in Song dynasty culture," Kai Filipiak ed., *Civil-Military Relations in Chinese History: From Ancient China to the Communist Takeover*, Routledge, 2014, pp. 134-137.

12) Gang Deng, *The Premodern Chinese Economy: Structural Equilibrium and Capitalist Sterility*, Routledge, 1999, p. 308.

13) 앞의 책, pp. 321-322.

14) 진덕재, 『한국고대사회경제사』, 태학사, 2006, pp. 85-99.

15) 조영준, 차명수, "조선 중·후기의 신장 추세, 1547-1882," 경제사학, 53(0), 2012, p. 3-37.

16) Jonathan Clements, *A Brief History of Japan: Samurai, Shogun and Zen: The Extraordinary Story of the Land of the Rising Sun*, 2017, p. 12.

17) Michael I. Como, Shotoku: *Ethnicity, Ritual, and Violence in the Japanese Buddhist Tradition*, 2008, p. 18.

18) Eiko Ikegami, *The Taming of the Samurai: Honorific Individualism and the Making of Modern Japan*, Harvard University Press, 1995, pp. 161-162.

19) Stephen Vlastos, *Peasant Protests and Uprisings in Tokugawa Japan,*

University of California Press, 1990, p. 160

20) Ronald Philip Dore, *Education in Tokugawa, Japan,* University of California Press, 1965, p. 254, pp. 291-292.

21) Thomas Carlyle Smith, *The Agrarian Origins of Modern Japan*, Atheneum, 1966, pp. 211-212.

22) Joseph C. H. Chai, *An Economic History of Modern China*, 2011, p. 97.

6. 그리스

1) Ronald M. Glassman, *The Origins of Democracy in Tribes, City-States and Nation-States*, Springer, 2017, pp. 304-311.

2) Charles Keith Maisels, *Early Civilizations of the Old World: The Formative Histories of Egypt, the Levant, Mesopotamia, India and China*, 1999, p. 254

3) Michael Gagarin ed., *The Oxford Encyclopedia of Ancient Greece and Rome*, Vol.1, Oxford University Press, 2010, p. 334.

4) Sophia Voutsaki, "The Rise of Mycenae: Political Inter-relations and Archaeological Evidence," *Bulletin of Institute of the Classical Studies,* Vol.45, 2001, pp. 183-184.

5) Robert Drews, *The End of the Bronze Age: Changes in Warfare and the Catastrophe Ca. 1200 B.C.*, Princeton University Press, 1993, pp. 107, 108.

6) G. Glotz, *Ancient Greece at Work: An Economic History of Greece from the Homeric Period to the Roman Conquest*, M. R. Dobie trans., Alfred A. Knopf, 1926, p. 24.

7) 윌리엄 포레스트, 『그리스 민주정의 탄생과 발전』, 김봉철 옮김, 한울아카데미, 2001, p. 111.

8) Oswyn Murray, *Early Greece*, Harvard University Press, 1993, p. 65.

9) 윌리엄 포레스트, 『그리스 민주정의 탄생과 발전』, 김봉철 옮김, 한울아

카데미, 2001, p. 112.

10) Oswyn Murray, *Early Greece*, Harvard University Press, 1993. p.139.

11) Victor Davis Hanson, *Hoplites: The Classical Greek Battle Experience*, Routledge, 1993, p. 105.

12) M. M. Austin, p. Vidal-Naque, *Economic and Social History of Ancient Greece: An Introduction*, University of California Press, 1977, pp. 135-144.

7. 로 마

1) Robert Drews, *The End of the Bronze Age: Changes in Warfare and the Catastrophe Ca. 1200 B.C.*, Princeton University Press, 1993.

2) Everett L. Wheeler, "The Army and the Limes in the East," Paul Erdkamp ed., Wiley-Blackwel, 2007, pp. 260-261.

3) Azar Gat, *War in Human Civilization,* Oxford Unicersity Press, 2006, pp. 382-383.

4) Hugh Kennedy, *The Armies of the Caliphs: Military and Society in the Early Islamic State*, Routledge, 2013, p. 1.

5) Richard A. Gabriel, *The Great Armies of Antiquity,* Praeger Publisher, 2002, p. 132.

6) William Hardy McNeill, *The Rise of the West: A History of the Human Community: with a Retrospective Essay*, University of Chicago Press, 1990, p. 120.

7) 프리츠 하이켈하임, 『로마사』, 김덕수 옮김, 현대지성사, 1999, p. 75.

8) Jean-Claude Richard, "Patrician and Plebeian: The Origin of Social Dichotomy," Kurt A. Raaflaub ed., *Social Struggles In Archaic Rome: New Perspectives on the Conflict of the Orders*, Blackwell Publishing, 2005. pp. 113-114.

9) Boris Rankov, "Military Forces," Philip A. G. Sabin, Hans van Wees, Michael Whitby eds., *The Cambridge History of Greek and Roman Warfare*, Vol.2, Cambridge University Press, 2007, p. 33.

10) T. J. Cornell, "Warfare and urbinzation in Roman Italy," T. J. Cornell, Kathryn Lomas ed., Urban society in Roman Italy, Psychology press, 1995, pp. 127-128.

11) David Stockton, *The Gracchi*, Oxford University Press, 1979, pp. 19-22.

12) Keith Hopkins, *Conquerors and Slaves*, Cambridge University Press, 1978, p. 5.

13) P. A. Brunt, *The Fall of the Roman Republic and Related Essays*, Oxford University Press, 1988, pp. 246-250.

14) J. B. Campbell, *War and Society in Imperial Rome 31 BC-AD 284*, Routledge, 2002, pp. 25-26.

15) Colin M. Wells, *The Roman Empire*, Harvard University Press, 1992, p. 147.

16) Lawrence Keppie, *Legions and Veterans: Roman Army Papers 1971-2000*, Franz Steiner Verlag, 2000, p. 98.

17) Kevin Greene, *The Archaeology of the Roman Economy*, University of California Press, 1990, pp. 39-40.

18) Richard Duncan-Jones, *Money and Government in the Roman Empire*, 1994, pp. 46, 254. Carrié의 계산인 12억 드라크마를 따를 경우 이집트로부터의 세입은 전체 세입의 2/3 이상을 차지한다. Richard Alston, *Soldier and Society in Roman Egypt: A Social History*, 1995, p. 112.에서 재인용.

8. 중 세

1) B. H. Slicher Van Bath, A.A.G. *Bijdragen: Yield ratios, 810-1820, Volume*

10, Wageningen, 1963, p. 30.

2) Bryan Ward-Perkins, *The Fall of Rome and the End of Civilizatio*n, Oxford University Press, 2005, p. 49.

3) Guy Halsall, *Settlement and Social Organization: The Merovingian Region of Metz*, Cambridge University Press, 1995, p. 35.

4) Heinrich Härke, "Early Anglo-Saxon Social Structure," John Hines ed., *The Anglo-Saxons from the Migration Period to the Eighth Century*, Boydell Press, 1997, pp. 142-143.

5) Bernard S. Bachrach, *Merovingian Military Organization, 481-751*, University of Minnesota Press, 1972, pp. 115-125.

6) Guy Halsall, *Settlement and Social Organization: The Merovingian Region of Metz*, Cambridge University Press, 1995, p. 73.

7) Stuart Airlie, "Charlemagne and the Aristocracy: Captains and Kings," Joanna Story ed., *Charlemagne: Empire And Society*, Manchester University Press, 2005, pp. 95-96.

8) Timothy Reuter, " The end of Carolingian military expansion," Peter Godman, Roger Collins ed, *Charlemagne's heir: new perspectives on the reign of Louis the Pious (814-840)*, Clarendon Press, 1990, pp. 391-405.

9) Guy Halsall, *Settlement and Social Organization: The Merovingian Region of Metz*, Cambridge University Press, 1995, pp. 40, 54.

10) 앞의 책, p. 59.

11) Kelly DeVries, Robert Douglas Smith, *Medieval Weapons: An Illustrated History of Their Impact*, ABC-CLIO, 2007, p. 17.

12) Archer Jones, *The Art of War in The Western World*, University of Illinois Press, 1987, pp. 104-108.

13) 마르크 블로크, 『봉건사회』 1, 한명숙 옮김, 2001, pp. 559-569.

14) 자크 르 고프, 『서양 중세 문명』, 유희수 옮김, 문학과 지성사, 1998, pp.

493-496.

15) J. P. Cooper, *Land, Men and Beliefs: Studies in Early-modern History*, A&C Black, 1983, p. 19.

16) Joseph Lynch, *The Medieval Church: A Brief History*, Routledge, Jul 17, 1992, p. 140.

17) Alfred Higgins Burne, The Crecy War: A Military History of the Hundred Years War from 1337 to the Peace of Bretigny 1360, Oxford University Press, 1955, p. 177.

18) Graeme Barker, Tom Rasmussen, *The Etruscans*, Blackwell Publishers, 1998, p. 61.

19) 제임스 M. 블로트, 『유럽 중심주의를 비판한다』, 2007, 박광식 옮김, 푸른숲,, p. 86.

20) Ram Sharan Sharma, *Material Culture and Social Formations in Ancient India,* Macmillan, 1983, pp. 89-110. Joseph Needham, Francesca Bray, *Science and Civilization in China,* Vol.6, Part 2, Cambridge University Press, 1984, p. 168.

21) Joseph Needham, Francesca Bray, *Science and Civilization in China,* Vol.6, Part 2, Cambridge University Press, 1984, pp. 162-163.

22) Georges Raepsaet, "The Development of Farming Implements between the Seine and the Rhine for the Second to the Twelfth Centuries," Grenville G. Astill, John Langdon eds., *Medieval Farming and Technology: The Impact of Agricultural Change in Northwest Europe*, Brill, 1997, p. 59. Bjørn Poulsen, "Agricultural Technology in Medieval Denmark," Grenville G. Astill, John Langdon eds., *Medieval Farming and Technology: The Impact of Agricultural Change in Northwest Europe*, Brill, 1997, p. 126.

23) 지력을 회복시키기 위해 작물을 기르지 않고 두는 농지.

24) Joseph Needham, Francesca Bray, *Science and Civilization in China,* Vol.6,

Part 2, Cambridge University Press, 1984, p. 94-95, 162, 187.

25) Duby Georges, Rural Economy and Country Life in the Medieval West, Cynthia Postan trans., University of South Carolina Press, 1968, p. 20.

26) Brian M. Downing, *The Military Revolution and Political Change: Origins of Democracy and Autocracy in Early Modern Europe,* Princeton University Press, 1992, p. 61.

27) 에마누엘 부라생, 『중세의 기사들』, 임호경 옮김, 동문선, 2006, pp. 18-19.

28) Jonathan Sumption, *The Hundred Years War: England and France at War, c. 1300-c. 1450*, Cambridge University Press, 2001, pp. 63-64.

29) Brian M. Downing, *The Military Revolution and Political Change: Origins of Democracy and Autocracy in Early Modern Europe,* Princeton University Press, 1992, p. 58.

30) Geoffrey Parker, *The Military Revolution: Military Innovation and the Rise of the West, 1500-1800*, Cambridge University Press, 1996, p. 1.

31) Geoffrey Parker, "The 'Military Revolution', 1560-1660 - a Myth?," Clifford J. Rogers ed., *The Military Revolution Debate: Readings on the Military Transformation of Early Modern Europe*, Westview Press, 1995, p. 43.

32) Robert S. DuPlessis, *Transitions to Capitalism in Early Modern Europe*, Cambridge University Press, 1997, p. 50.

33) John Landers, *The Field And The Forge: Population, Production, and Power in the Pre-industrial West,* Oxford University Press, 2003, p. 59.

34) Jonathan Dewald, *The European nobility, 1400-1800,* 1996, p. 38.

35) J. H. Elliott, "The Decline of Spain," *Past and Present*, No.20, 1961, p. 70.

36) Teofilo F. Ruiz, *Spanish Society, 1348-1700*, Taylor & Francis, 2017, pp. 89-92.

37) Philip Hoffman, Kathryn Norberg, "Conclusion," Philip Hoffman, Kathryn Norberg eds., *Fiscal Crises, Liberty, and Representative Government*

1450-1789, Stanford University Press, 1994, p. 301.

38) Robert S. DuPlessis, *Transitions to Capitalism in Early Modern Europe*, Cambridge University Press, 1997, pp. 50-55.

39) Pedro Chalmeta, "An Approximate Picture of the Economy of al-Andalus," Salma Khadra Jayyusi ed., *The Legacy of Muslim Spain*, Vol.1, Leiden, 1992, p. 755.

40) Daniel T. Potts, *Mesopotamian Civilization: The Material Foundations*, Cornell University Press, 1997, pp. 80-82.

41) Gang Zhao, *Man and Land in Chinese History: An Economic Analysis*, Stanford University Press, 1986, p. 110.

42) Zhihong Shi, *Agricultural Development in Qing China: A Quantitative Study, 1661-1911*, BRILL, 2017, p. 72.

43) B. H. Slicher Van Bath, A.A.G. *Bijdragen: Yield ratios, 810-1820, Volume 10*, Wageningen, 1963, 베르나르트 슬리허 반 바트, 『서유럽 농업사 500-1850년』, 이기영 옮김, 까치, 1999.

44) N. J. G. Pounds, *An Historical Geography of Europe, 1500-1840*, Cambridge University Press, 1979, p. 209.

48) 베르나르트 슬리허 반 바트, 『서유럽 농업사 500-1850년』, 이기영 옮김, 까치, 1999, pp. 246-247.

45) Mark Overton, Bruce M. S. Campbeel, "Productivity Change in European Agricultural Development," Mark Overton, Bruce M. S. Campbeel eds., *Land, Labour and Livestock: Historical Studies in European Agricultural Productivity*, Manchester University Press, 1991, p. 20.

46) John Lagdon, "Was England a Technological Backwater in the Middle Ages?," Grenville G. Astill, John Langdon eds., *Medieval Farming and Technology: The Impact of Agricultural Change in Northwest Europe*, Brill, 1997, p. 280.

47) Mark Overton, Bruce M. S. Campbeel, "Productivity Change in European Agricultural Development," Mark Overton, Bruce M. S. Campbeel eds., *Land, Labour and Livestock: Historical Studies in European Agricultural Productivity*, Manchester University Press, 1991, pp. 41-42.

9. 영국, 산업혁명

1) David C. Douglas, *William the Conqueror: The Norman Impact upon England*, University of California Press, 1964, p. 299.
2) Brian M. Downing, *The Military Revolution and Political Change: Origins of Democracy and Autocracy in Early Modern Europe,* Princeton University Press, 1992, p. 159.
3) Lawrence Stone, *The Causes of the English Revolution, 1529-1642*, Routledge, 2002, p. 62.
4) 11-year moving averages of `real' (ie. deflated) index numbers for revenue from taxation in England, 1290-1815 (base index 1451-75), ESFDB(\obrien\engm003); Per capita royal tax receipts in France, 1560-1789, ESFDB(\rjb\frd006).
5) B. G. Blackwood, *The Lancashire Gentry and the Great Rebellion, 1640-60*, Manchester University Press, 1978, p. 18.
6) Lawrence Stone, *The Causes of the English Revolution, 1529-1642*, Routledge, 2002, p. 73-74.
7) Lawrence Stone, *The Crisis of the Aristocracy, 1558-1641*, Oxford University Press, 1967, pp. 333-334.
8) Derek Hirst, *The Representative of the People?: Voters and Voting in England under the Early Stuarts*, Cambridge University Press, 1975, p. 105.

9) Christopher Hill, *Puritanism and Revolution: Studies in Interpretation of the English Revolution of the Seventeenth Century*, Palgrave Macmillan, 1997, pp. 54-68.

10) Robert Brenner, *Merchants and Revolution: Commercial Change, Political Conflict, and London's Overseas Traders, 1550-1653*, Verso, 2003, p. 340.

11) R. C. Majumdar, *Ancient India*, Motilal Banarsidass, 1977, p. 216.

12) G. E. Mingay, *The Gentry: The Rise and Fall of a Ruling Class*, Longman, 1976, p. 59.

13) R. C. Richardson, *The Debate on the English Revolution*, Manchester University Press, 1998, p. 124에서 재인용.

14) B. G. Blackwood, *The Lancashire Gentry and the Great Rebellion, 1640-60*, Manchester University Press, 1978, p. 65.

15) Richard Cust, *Charles I*, Routledge, 2014, p. 449.

16) Philip Hoffman, Kathryn Norberg, "Conclusion," Philip Hoffman, Kathryn Norberg eds., *Fiscal Crises, Liberty, and Representative Government 1450-1789*, Stanford University Press, 1994, p. 301.

17) Jan De Vries, Ad van der Woude, *The First Modern Economy: Success, Failure, and Perseverance of the Dutch Economy, 1500-1815*, Cambridge University Press, 1997, p. 596.

18) E. A. Wigley, *People, Cities, and Wealth: The Transformation of Traditional Society*, Basil Blackwel, 1987, p. 187.

19) Ralph Davis, *The Rise of the Atlantic Economies*, Cornell University Press, 1973, p. 304.

20) R. M. Hartwel, "The Causes of the Industrial Revolution:: An Essay in Methodology," R. M. Hartwel ed., *The Causes of the Industrial Revolution in England*, Methuen, 1967, p. 75.

21) E. A. Wrigley, "Urban Growth and Agricultural Change: England and the

Continent in the Early Modern Period," *Journal of Interdisciplinary History*, Vol.15, No.4, 1985, p. 700.

10. 프랑스, 민주주의혁명

1) John Albert Lynn, *Giant of the Grand Siècle: The French Army, 1610-1715*, Cambridge University Press, 1997, p. 600.
2) William Beik, *Louis XIV and Absolutism: A Brief Study with Documents*, Bedford/St. Martin's, 2000, p. 102.
3) William Beik, *Urban Protest in Seventeenth-Century France: The Culture of Retribution*, Cambridge University Press, 1997, p. 18.
4) Andrew B. Appleby, "Epidemics and Famine in the Little Ice Age," *Journal of Interdisciplinary History*, Vol.10, No.4, 1980, p. 600.
5) Roy L. McCullough, *Coercion, Conversion and Counterinsurgency in Louis XIV's France*, Brill, 2007, pp. 233-244.
6) Richard Bonney, "Early Modern Theories of State Finance," Richard Bonney ed., *Economic Systems and State Finance*, Oxford University Press, 1995, p. 199.
7) Emmanuel Le Roy Ladurie, *The Ancien Regime: A History of France 1610 - 1774*, Mark Greengrass trans, Blackwell Publishers, 1998, pp. 377, 401-404.
8) Colin John, "Bourgeois Revolution Revivified," Colin Lucas ed., *Rewriting the French Revolution*, Oxford University Press, 1991, p. 87.
9) Patrick O'Brien, Caglar Keyder, *Economic Growth in Britain and France 1780-1914: Two Paths to the Twentieth Century*, George Allen and Unwin, 1978, p. 57.
10) Jeremy Black, *Eighteenth Century Europe 1700-1789*, St. Martin's Press,

1990, p. 88.

11) Yves Marie Bercé, *Revolt and Revolution in Early Modern Europe: An Essay on the History of Political Violence*, Manchester University Press, 1987, pp. 79-80.

12) John Albert Lynn, *Giant of the Grand Siècle: The French Army, 1610-1715*, Cambridge University Press, 1997, p. 261

13) 알베르 소불, 『상뀔로트』, 이세희 옮김, 일월서각, 1990, pp. 28-29.

14) Kathryn Norberg, "French Fiscal Crisis of 1788," Philip Hoffman, Kathryn Norberg eds., *Fiscal Crises, Liberty, and Representative Government 1450-1789*, Stanford University Press, 1994, p. 293.

15) 조르주 르페브르, 『프랑스혁명』, 민석홍 옮김, 을유문화사, 1994, p. 134.

16) 앞의 책, p. 145.

17) Irfan Habib, "Population," Tapan Raychaudhuri, Irfan Habib eds., *The Cambridge Economic History of India*, Vol.1, Cambridge University Press, 1982, p. 169.

18) Gang Zhao, *Man and Land in Chinese History: An Economic Analysis*, Stanford University Press, 1986, p. 56.

19) Chye Kiang Heng, Cities of Aristocrats and Bureaucrats: The Development of Medieval Chinese Cityscapes, NUS Press, 1999, p. 104.

20) Emmanuel Le Roy Ladurie, *The Ancien Regime: A History of France 1610 - 1774*, Mark Greengrass trans, Blackwell Publishers, 1998, p. 403

21) Linda S. Frey, Marsha L. Frey, The French Revolution, Greenwood Publishing Group, 2004, pp. 59-60.

22) William Doyle, T*he Oxford History of the French Revolution*, Oxford University Press, 2002, pp. 205-206.

1) 한영우, 과거, 『출세의 사다리 4-족보를 통해 본 조선 문과급제자의 신분 이동, 고종대』, 지식산업사, 2014, p. 374.
2) Gregory Maddox, *Sub-Saharan Africa: An Environmental History*, ABC-CLIO, 2006, p. 198.
3) Ralph A. Austen, "The Official Mind of Indirect Rule: British Policy in Tanganyika, 1916-1939," Prosser Gifford, William Roger Louis eds., *Britain and Germany in Africa: Imperial Rivalry and Colonial Rule,* New Haven: Yale University Press, 1967, pp. 593-594.
4) Mahmood Mamdani, *Citizen and Subject: Contemporary Africa and the Legacy of Late Colonialism*, Princeton University Press. 1996.

참고문헌

Airlie, Stuart, "Charlemagne and the Aristocracy: Captains and Kings," Joanna Story ed., *Charlemagne: Empire And Society*, Manchester University Press, 2005.

Alston, Richard, *Soldier and Society in Roman Egypt: A Social History*, 1995.

Appleby, Andrew B., "Epidemics and Famine in the Little Ice Age," *Journal of Interdisciplinary History*, Vol.10, No.4, 1980.

Archer, Christon, I., John R. Ferris, Holger H. Herwig, Timothy H. E. Travers, *World History of Warfare*, Univerity of Nebraska Press, 2002,Bacci, Massimo Livi, *The Population of Europe: A History*, Blackwell Publishers, 2000.

Austen, Ralph A., "The Official Mind of Indirect Rule: British Policy in Tanganyika, 1916-1939," Prosser Gifford, William Roger Louis eds., *Britain and Germany in Africa: Imperial Rivalry and Colonial Rule,* New Haven: Yale University Press, 1967.

Austin, M. M., p. Vidal-Naque, *Economic and Social History of Ancient Greece: An Introduction*, University of California Press, 1977.

Bachrach, Bernard S., *Merovingian Military Organization, 481-751*, University of Minnesota Press, 1972.

Baines, John, "Society, Morality, and Religious Practice," Byron E. Shafe ed., *Religion in Ancient Egypt: Gods, Myths, and Personal Practice,* Cornell University Press, 1991.

Barker, Graeme, Tom Rasmussen, *The Etruscans*, Blackwell Publishers, 1998.

Beik, William, *Urban Protest in Seventeenth-Century France: The Culture of Retribution*, Cambridge University Press, 1997.

______, *Louis XIV and Absolutism: A Brief Study with Documents*, Bedford/St. Martin's, 2000.

Belfer-Cohen, Anna, Ofer Bar-Yosef, Early Sedentism in Near East," Ian Kuijt ed., *Life in Neolithic Farming Communities: Social Organization, Identity, and Differentiation*, Springer, 2000.

Belich, James, *Making Peoples: A History of the New Zealanders, from Polynesian Settlement to the End of the Nineteenth Century,* University of Hawaii Press, 1996.

Bercé, Yves Marie, *Revolt and Revolution in Early Modern Europe: An Essay on the History of Political Violence*, Manchester University Press, 1987.

Best, Elsdon, *The Maori as He Was: a brief account of Maori life as it was in pre-European days*, Owen, 1952.

Benjamin, Foster, "A New Look at The Sumerian Temple State," *Journal of the Economic and Social History of the Orient*, Vol.24, No.3, 1981,

Black, Jeremy, *Eighteenth Century Europe 1700-1789*, St. Martin's Press, 1990.

Blackwood, B. G., *The Lancashire Gentry and the Great Rebellion, 1640-60*, Manchester University Press, 1978.

Bonney, Richard, "Early Modern Theories of State Finance," Richard Bonney ed., *Economic Systems and State Finance*, Oxford University Press, 1995.

Brenner, Robert, *Merchants and Revolution: Commercial Change, Political*

Conflict, and London's Overseas Traders, 1550-1653, Verso, 2003.

Brunt, p. A., *The Fall of the Roman Republic and Related Essays*, Oxford University Press, 1988.

Burne, Alfred Higgins, The Crecy War: A Military History of the Hundred Years War from 1337 to the Peace of Bretigny 1360, Oxford University Press, 1955.

Campbell, J. B., *War and Society in Imperial Rome 31 BC-AD 284*, Routledge, 2002.

Chai, Joseph C. H., *An Economic History of Modern China*, 2011.

Chalmeta, Pedro, "An Approximate Picture of the Economy of al-Andalus," Salma Khadra Jayyusi ed., *The Legacy of Muslim Spain*, Vol.1, Leiden, 1992.

Clements, Jonathan, *A Brief History of Japan: Samurai, Shogun and Zen: The Extraordinary Story of the Land of the Rising Sun*, 2017.

Cooper, J. P., *Land, Men and Beliefs: Studies in Early-modern History*, A&C Black, 1983.

Como, Michael I., Shotoku: *Ethnicity, Ritual, and Violence in the Japanese Buddhist Tradition*, 2008.

Cornell, T. J., “Warfare and urbinzation in Roman Italy,” T. J. Cornell, Kathryn Lomas ed., Urban society in Roman Italy, Psychology press, 1995.

Crawford, Harriet E. W.. *Sumer and the Sumerians*, Cambridge University Press, 2004.

Cust, Richard, *Charles I*, Routledge, 2014.

Davis, Ralph, *The Rise of the Atlantic Economies*, Cornell University Press, 1973.

Deng, Gang, *The Premodern Chinese Economy: Structural Equilibrium and*

Capitalist Sterility, Routledge, 1999.

DeVries, Kelly, Robert Douglas Smith, *Medieval Weapons: An Illustrated History of Their Impact*, ABC-CLIO, 2007.

Dewald, Jonathan, *The European nobility, 1400-1800,* 1996.

Donald, Leland, *Aboriginal Slavery on the Northwest Coast of North America*, University of California Press, 1997.

Dore, Ronald Philip, *Education in Tokugawa, Japan,* University of California Press, 1965.

Douglas, David C., *William the Conqueror: The Norman Impact upon England*, University of California Press, 1964.

Downing, Brian M., *The Military Revolution and Political Change: Origins of Democracy and Autocracy in Early Modern Europe,* Princeton University Press, 1992.

Doyle, William, T*he Oxford History of the French Revolution*, Oxford University Press, 2002.

DuPlessis, Robert S., *Transitions to Capitalism in Early Modern Europe*, Cambridge University Press, 1997.

Drews, Robert, *The End of the Bronze Age: Changes in Warfare and the Catastrophe Ca. 1200 B.C.*, Princeton University Press, 1993.

Duncan-Jones, Richard, *Money and Government in the Roman Empire*, 1994.

Eberhard, Wolfram, *A History of China,* University of California Press, 1969.

Elliott, J. H., "The Decline of Spain," *Past and Present*, No.20, 1961.

Elliott, Mark C. *The Manchu Way: The Eight Banners and Ethnic Identity in Late Imperial China*, Stanford University Press, 2001.

Frey, Linda S., Marsha L. Frey, The French Revolution, Greenwood Publishing Group, 2004.

Gabriel, Richard A., *The Great Armies of Antiquity,* Greenwood Publishing

Group, 2002.

Gagarin, Michael ed., *The Oxford Encyclopedia of Ancient Greece and Rome*, Vol.1, Oxford University Press, 2010.

Gat, Azar, *War in Human Civilzation,* Oxford University Press, 2006.

Gen'ichi, Yamazaki, *The Structure of Ancient Indian Society: Theory and Reality of the Varna System,* University of Tokyo Press,, 2005.

Georges, Duby, Rural Economy and Country Life in the Medieval West, Cynthia Postan trans., University of South Carolina Press, 1968.

Glassman, Ronald M., *The Origins of Democracy in Tribes, City-States and Nation-States*, Springer, 2017.

Glotz, G., *Ancient Greece at Work: An Economic History of Greece from the Homeric Period to the Roman Conquest*, M. R. Dobie trans., Alfred A. Knopf, 1926.

Greene, Kevin, *The Archaeology of the Roman Economy*, University of California Press, 1990.

Hamblin, William James, *Warfare in the Ancient Near East to 1600 BC*, Routledge, 2006.

Hillman, Gordon, "Wild Plant-foods of Northern Fertile Cresent," David R. Harris ed., *The Origins and Spread of Agriculture and Pastoralism in Eurasia,* Smithsonian Institution Press, 1996.

Habib, Irfan, "Population," Tapan Raychaudhuri, Irfan Habib eds., *The Cambridge Economic History of India*, Vol.1, Cambridge University Press, 1982.

Halsall, Guy, *Settlement and Social Organization: The Merovingian Region of Metz*, Cambridge University Press, 1995.

Hanson, Victor Davis, *Hoplites: The Classical Greek Battle Experience*, Routledge, 1993.

Härke, Heinrich, "Early Anglo-Saxon Social Structure," John Hines ed., *The Anglo-Saxons from the Migration Period to the Eighth Century*, Boydell Press, 1997.

Hartwel, R. M., "The Causes of the Industrial Revolution:: An Essay in Methodology," R. M. Hartwel ed., *The Causes of the Industrial Revolution in England*, Methuen, 1967.

Heng, Chye Kiang, Cities of Aristocrats and Bureaucrats: The Development of Medieval Chinese Cityscapes, NUS Press, 1999.

Hill, Christopher, *Puritanism and Revolution: Studies in Interpretation of the English Revolution of the Seventeenth Century*, Palgrave Macmillan, 1997.

Hirst, Derek, *The Representative of the People?: Voters and Voting in England under the Early Stuarts*, Cambridge University Press, 1975.

Hoffman, Philip, Kathryn Norberg, "Conclusion," Philip Hoffman, Kathryn Norberg eds., *Fiscal Crises, Liberty, and Representative Government 1450-1789*, Stanford University Press, 1994.

Hopkins, Keith, *Conquerors and Slaves*, Cambridge University Press, 1978.

Hsü, Cho-yün, *Ancient China in Transition: An Analysis of Social Mobility, 722-222 B.C.,* Stanford University Press, 1965.

Ikegami, Eiko, *The Taming of the Samurai: Honorific Individualism and the Making of Modern Japan*, Harvard University Press, 1995.

John, Colin, "Bourgeois Revolution Revivified," Colin Lucas ed., *Rewriting the French Revolution*, Oxford University Press, 1991.

Johns, C. H. W., *The Relations between the Laws of Babylonia and the Laws of the Hebrew Peoples,* British academy, 1914.

Jones, Archer, *The Art of War in The Western World*, University of Illinois Press, 1987.

Keeley, Lawrence H., War Before Civilization, Oxford University Press, 1997.

Kennedy, Hugh, *The Armies of the Caliphs: Military and Society in the Early Islamic State*, Routledge, 2013.

Keppie, Lawrence, *Legions and Veterans: Roman Army Papers 1971-2000*, Franz Steiner Verlag, 2000.

Kirch, Patrick Vinton, *The Evolution of the Polynesian Chiefdoms, Cambridge University Press*, 1989.

Ladurie, Emmanuel Le Roy, *The Ancien Regime: A History of France 1610 - 1774*, Mark Greengrass trans, Blackwell Publishers, 1998.

Lagdon, John, "Was England a Technological Backwater in the Middle Ages?," Grenville G. Astill, John Langdon eds., *Medieval Farming and Technology: The Impact of Agricultural Change in Northwest Europe*, Brill, 1997.

Landers, John, *The Field And The Forge: Population, Production, and Power in the Pre-industrial West,* Oxford University Press, 2003.

Lorge, Peter, "The rise of mratial: Rebalancing wen and wu in Song dynasty culture," Kai Filipiak ed., *Civil-Military Relations in Chinese History: From Ancient China to the Communist Takeover*, Routledge, 2014.

Lynch, Joseph, *The Medieval Church: A Brief History*, Routledge, Jul 17, 1992.

Lynn, John Albert, *Giant of the Grand Siècle: The French Army, 1610-1715*, Cambridge University Press, 1997.

______, *Battle: A History of Combat and Culture,* Westview Press, 2003.

Maddox, Gregory, *Sub-Saharan Africa: An Environmental History*, ABC-CLIO, 2006.

Maisels, Charles Keith, *Early Civilizations of the Old World: The Formative Histories of Egypt, the Levant, Mesopotamia, India and China*, 1999.

Majumdar, R. C., *Ancient India*, Motilal Banarsidass, 1977.

Mamdani, Mahmood, *Citizen and Subject: Contemporary Africa and the Legacy of Late Colonialism*, Princeton University Press. 1996.

McCullough, Roy L., *Coercion, Conversion and Counterinsurgency in Louis XIV's France*, Brill, 2007.

McNeill, William Hardy, *The Rise of the West: A History of the Human Community: with a Retrospective Essay*, University of Chicago Press, 1990.

Miler, Naomi F., "The Origin of Plant Cultivation in Near East," C. Wesley Cowan, Patty Jo Watsoneds., *The Origins of Agriculture: An International Perspective*, University of Alabama Press, 2006.

Mingay, G. E., *The Gentry: The Rise and Fall of a Ruling Class*, Longman, 1976.

Mookerji, Radhakumud, *Chandragupta Maurya and His Times*, Radhakumud Mookerji, 1966.

Murray, Oswyn, *Early Greece*, Harvard University Press, 1993.

Needham, Joseph, *Science and Civilization in China,* Vol.1, Part 2, Cambridge University Press, 1974.

______, Francesca Bray, *Science and Civilization in China,* Vol.6, Part 2, Cambridge University Press, 1984.

Norberg, Kathryn, "French Fiscal Crisis of 1788," Philip Hoffman, Kathryn Norberg eds., *Fiscal Crises, Liberty, and Representative Government 1450-1789*, Stanford University Press, 1994.

O'Brien, Patrick, Caglar Keyder, *Economic Growth in Britain and France 1780-1914: Two Paths to the Twentieth Century*, George Allen and Unwin, 1978.

Otterbein, Keith F., *How War Began,* Texas A&M University Press, 2004.

Overton, Mark, Bruce M. S. Campbeel, "Productivity Change in European

Agricultural Development," Mark Overton, Bruce M. S. Campbeel eds., *Land, Labour and Livestock: Historical Studies in European Agricultural Productivity*, Manchester University Press, 1991.

Parker, Geoffrey, "The 'Military Revolution', 1560-1660 - a Myth?," Clifford J. Rogers ed., *The Military Revolution Debate: Readings on the Military Transformation of Early Modern Europe*, Westview Press, 1995.

______, *The Military Revolution: Military Innovation and the Rise of the West, 1500-1800*, Cambridge University Press, 1996.

Postgate, J. N. *Early Mesopotamia: Society and Economy at the Dawn of History*, Routledge, 1994.

Poulsen, Bjørn, "Agricultural Technology in Medieval Denmark," Grenville G. Astill, John Langdon eds., *Medieval Farming and Technology: The Impact of Agricultural Change in Northwest Europe*, Brill, 1997.

Potts, Daniel T., *Mesopotamian Civilization: The Material Foundations*, Cornell University Press, 1997.

Pounds, N. J. G., *An Historical Geography of Europe, 1500-1840*, Cambridge University Press, 1979.

Prasad, R.U.S., *The Rig-Vedic and Post-Rig-Vedic Polity (1500 BCE-500 BCE)*, Vernon Press, 2015.

Raepsaet, Georges, "The Development of Farming Implements between the Seine and the Rhine for the Second to the Twelfth Centuries," Grenville G. Astill, John Langdon eds., *Medieval Farming and Technology: The Impact of Agricultural Change in Northwest Europe*, Brill, 1997.

Rankov, Boris, "Military Forces," Philip A. G. Sabin, Hans van Wees, Michael Whitby eds., *The Cambridge History of Greek and Roman Warfare*, Vol.2, Cambridge University Press, 2007.

Reuter, Timothy, "The end of Carolingian military expansion," Peter Godman,

Roger Collins ed, *Charlemagne's heir: new perspectives on the reign of Louis the Pious (814-840)*, Clarendon Press, 1990.

Richard, Jean-Claude, "Patrician and Plebeian: The Origin of Social Dichotomy," Kurt A. Raaflaub ed., *Social Struggles In Archaic Rome: New Perspectives on the Conflict of the Orders*, Blackwell Publishing, 2005.

Richardson, R. C., *The Debate on the English Revolution*, Manchester University Press, 1998.

Ruiz, Teofilo F., *Spanish Society, 1348-1700*, Taylor & Francis, 2017.

Slicher, Van Bath B. H., A.A.G. *Bijdragen: Yield ratios, 810-1820, Volume 10*, Wageningen, 1963.

Sharma, Ram Sharan, *Material Culture and Social Formations in Ancient India,* Macmillan, 1983.

______, *India's Ancient Past,* Oxford University Press, 2005.

Shaughnessy, Edward L., "Historical Perspectives on the Introduction of the Chariot into China," *Harvard Journal of Asiatic Studies* 48(1), 1988.

Singh, Sarva Daman, *Ancient Indian Warfare: With Special Reference to the Vedic Period*, Brill Archive, 1965.

Shi, Zhihong, *Agricultural Development in Qing China: A Quantitative Study, 1661-1911*, BRILL, 2017.

Sit, Victor F. S., *Chinese City and Urbanism: Evolution and Development,* World Scientific Publishing, 2010.

Smith, Thomas Carlyle, *The Agrarian Origins of Modern Japan*, Atheneum, 1966.

Stockton, David, *The Gracchi*, Oxford University Press, 1979.

Stone, Lawrence, *The Crisis of the Aristocracy, 1558-1641*, Oxford University Press, 1967

______, *The Causes of the English Revolution, 1529-1642*, Routledge, 2002.

Sumption, Jonathan, *The Hundred Years War: England and France at War, c. 1300-c. 1450*, Cambridge University Press, 2001.

Trigger, Bruce G., *Understanding Early Civilizations: A Comparative Study*, Cambridge University Press, 2003.

Wilkinson, Toby A. H., "The Rise of Egyptian Civilization," Bruce G. Trigger, ed., *Ancient Egypt: A Social History,* Cambridge University Press, 1983.

______, *Early Dynastic Egypt,* Routledge, 1999.

Vlastos, Stephen, *Peasant Protests and Uprisings in Tokugawa Japan,* University of California Press, 1990.

Voutsaki, Sophia, "The Rise of Mycenae: Political Inter-relations and Archaeological Evidence," *Bulletin of Institute of the Classical Studies,* Vol.45, 2001.

Vries, Jan De, Ad van der Woude, *The First Modern Economy: Success, Failure, and Perseverance of the Dutch Economy, 1500-1815*, Cambridge University Press, 1997.

Ward-Perkins, Bryan, *The Fall of Rome and the End of Civilizatio*n, Oxford University Press, 2005.

Wells, Colin M., *The Roman Empire*, Harvard University Press, 1992.

Wheeler, Everett L., "The Army and the Limes in the East," Paul Erdkamp ed., Wiley-Blackwel, 2007.

Wigley, E. A., "Urban Growth and Agricultural Change: England and the Continent in the Early Modern Period," *Journal of Interdisciplinary History*, Vol.15, No.4, 1985.

______, *People, Cities, and Wealth: The Transformation of Traditional Society*, Basil Blackwel, 1987.

Wolfram, Herwig, *History of the Goths*, University of California Press. 1990.

Yao, Xinzhong, *An Introduction to Confucianism*, Cambridge University Press,, 2000.

Zhao, Gang, *Man and Land in Chinese History: An Economic Analysis*, Stanford University Press, 1986.

마르크 블로크, 『봉건사회』 1, 한명숙 옮김, 2001.

베르나르트 슬리허 반 바트, 『서유럽 농업사 500-1850년』, 이기영 옮김, 까치, 1999.

알베르 소불, 『상퀼로트』, 이세희 옮김, 일월서각, 1990.

에마누엘 부라생, 『중세의 기사들』, 임호경 옮김, 동문선, 2006.

윌리엄 포레스트, 『그리스 민주정의 탄생과 발전』, 김봉철 옮김, 한울아카데미, 2001.

이성무, "조선시대의 신분구성과 그 특성," 조선사회연구회, 『조선사회 이렇게 본다』, 지식산업사, 2010.

자크 르 고프, 『서양 중세 문명』, 유희수 옮김, 문학과지성사, 1998.

제임스 M. 블로트, 『유럽 중심주의를 비판한다』, 박광식 옮김, 푸른숲, 2007.

조르주 르페브르, 『프랑스혁명』, 민석홍 옮김, 을유문화사, 1994.

조영준, 차명수, "조선 중·후기의 신장 추세, 1547-1882," 경제사학, 53(0), 2012.

존 키건, 『세계 전쟁사』, 유병진 옮긴, 까치, 1996.

진덕재, 『한국고대사회경제사』, 태학사, 2006.

프리츠 하이켈하임, 『로마사』, 김덕수 옮김, 현대지성사, 1999.

한영우, 과거, 『출세의 사다리 4-족보를 통해 본 조선 문과급제자의 신분 이동, 고종대』 , 지식산업사, 2014.

서양은 어떻게 세계를 정복했나

초판 제1쇄 펴낸날 : 2019. 3. 30

지은이 : 이 재 준

펴낸이 : 김 철 미

펴낸곳 : 백산서당

등록 : 제10-42(1979.12.29)
주소 : 서울 은평구 통일로 885(갈현동, 준빌딩 3층)
전화 : 02)2268-0012(代)
팩스 : 02)2268-0048
이메일 : bshj@chol.com

값 16,800원

ISBN 978-89-7327-541-0 03900